JN278611

葬儀・法要・相続・供養の最新ガイド

葬儀・法要 どうしたら？ 事典

高齢者健康福祉研究会◎編

土屋書店

はじめに
――――知っておきたい「大事なその時」の知識

世の中には、特に知らなくても済む知識と、必ず知っていなければならない知識とがあります。たとえば、「食べることや働くことに関する知識」は、生きていく以上、必ず必要ですし、義務教育で習う「読み書きや計算」は、知らないわけにはいかない知識です。

ところが、小学校でも中学でも教えてくれないのに、すべての人に必須の知識もあります。その一例が本書のテーマ、「葬儀に関する知識」といえましょう。

人はこの世に生を受けた以上、原則としては最小2回、必ず葬儀を主催しなければなりません。にもかかわらず、「初めてのことでよくわからない」という人が大半です。無理もないことですが、ほとんどの場合、事前にしっかり知識を得ておく余裕もないままに「その時」を迎えることになります。

○イザというとき、近親者への連絡はどうする？
○葬儀社はどんな基準でどこに依頼する？
○火葬の手順や官庁手続きはいつまでに、どのように？
○お墓や仏壇はどうしたらいいの？
○遺産相続はどうすれば？

………こんな疑問に応えてくれる人生経験豊富な〈一族の長老的存在〉が身近にあればいいのですが、核家族化が進んだ大都市では、基礎知識のないまま、不十分かつ中途半端な知識だけで「大事なその時」を迎えてしまう人が増えています。

本書は、そんな人々のために書き下ろしたものです。

高齢者健康福祉研究会

第2章 葬儀翌日から四十九日、埋葬と形見分けまで

第3章 諸官庁への各種届出と生命保険の請求など

第5章 遺産相続の基礎知識

第6章 お墓の基礎知識

◉イラストレーション／祐泉　隆

序章

目で見る葬儀と法要の流れ

❶危篤におちいったとき ❷臨終の時 ❸遺体の安置 ❹親族の打ち合わせ ❺葬儀社の選び方 ❻寺院との打ち合わせ ❼死亡届・通知と葬儀ご案内 ❽納棺 ❾通夜の準備と通夜当日 ❿葬儀の準備 葬儀当日 ⓫出棺と火葬場 ⓬精進落とし ⓭四十九日法要

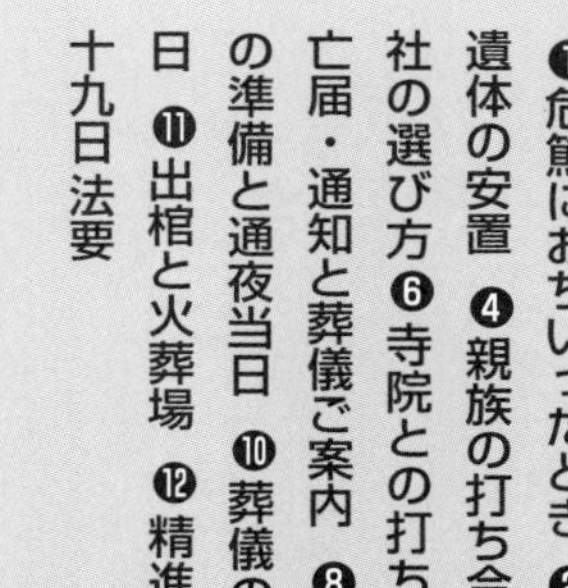

序章　目で見る葬儀と法要の流れ

① 危篤におちいったとき（22頁）

▼親族、友人などつながりの深い人に危篤の連絡をします。

▼電話帳やインターネットなどでいくつか、葬儀社の会館・設備・サービス・料金等の内容を調べておきます。

▼本人の宗派の確認をしておきます。菩提寺がある場合は僧侶に、キリスト教は所属教会に連絡します。

② 臨終の時（25頁）

▼臨終の宣告を受けたら、医師や看護師の指示に従って行動します。

▼配偶者、血縁の濃い親族の順に末期の水（「死に水」）をとります。

▼遺体を清めます。看護師が「清拭」をし、衣服の着替えや死化粧を行います。家族で行ったり、葬儀社スタッフの手を借りる場合もあります。
▼病院では霊安室に移されます。
▼死に立ち会った医師から死亡診断書を受け取ります。
▼葬儀社に連絡し、遺体を自宅あるいは葬儀会館に搬送します。

③ 遺体の安置 (28頁)

▼「北枕」に遺体を安置します。北枕ができないときは「西枕」にします。
▼枕元には葬儀社が「枕飾り」を用意してくれます。
▼僧侶を迎えて故人の枕元で「枕経」を読んでもらいます。

最近の葬祭の場所

最近の調査では、自宅の利用が年々減少傾向にあり、年を追うごとに第2位の斎場の利用が増加しています。

第3位の寺院・教会も年々減少傾向にあります。

場所	割合
自宅	39%
専門の斎場	30%
寺院・教会	24%
自治会などの集会所	7%

※ 1999年
日本消費者協会調べ

④ 親族の打ち合わせ（30頁）

- ▼遺言やエンディングノートで故人の遺志を確認します。
- ▼遺族の代表であり、葬儀の施主となる喪主を決めます。
- ▼葬儀全体の規模（場所・日程・予算等）を家族で相談します。
- ▼葬儀社を決定し、宗教者にも連絡をとります。
- ▼菩提寺がある場合は、戒名、日程等の相談をし、遠方の場合は近くのお寺を紹介してもらいます。
- ▼菩提寺がない場合は、葬儀社に紹介してもらいます。
- ▼キリスト教その他の場合は所属宗教に連絡し、相談します。

⑤ 葬儀社の選び方（33頁）

- ▼葬儀の規模と形態、費用、日程等について、葬儀社から見積書をとります。

通夜の式次第

❶一同着席
❷僧侶入場
❸読経・焼香
❹僧侶の法話
❺僧侶退場・閉式

葬儀の式次第

❶喪主と遺族等、関係者着席
❷僧侶入場
❸開始の辞
❹読経・引導
❺弔辞奉読・弔電紹介
❻読経・焼香
❼一般会葬者の焼香
❽喪主挨拶
❾僧侶退場
❿閉式の辞

⑥ 寺院との打ち合わせ （42頁）

▼日頃から信仰している寺や神社、教会などがあるときはすぐに連絡して打ち合わせをします。

⑦ 死亡届・通知と葬儀ご案内 （45頁）

▼死亡届、火葬許可申請書の官庁提出をします。

通夜、葬儀の手配をします

▼通夜、葬儀の日程、時間、場所などを連絡し、返礼品、葬礼状等を決め、供花、供物などの手配をします。

▼喪服の準備・手配をします。男性は黒のスーツ、女性は黒のフォーマルドレスか黒無地五つ紋付です。

お礼金の表書きの種類

世話役	キリスト教式	神式	仏式
御礼 ○○○○	献金 ○○○○	御祭祀料 ○○○○	御布施 ○○○○

⑧ 納棺（48頁）

▼遺体を棺に納めます。

▼故人の愛用品などを一緒に納めます。

⑨ 通夜の準備と通夜当日（49頁）

▼受付開始時間、終了後の香典処理等、あらかじめ受付・会計係との打ち合わせをしておきます。

▼式場での席順、供花、供物の名札の並べ方等を確認します。

▼僧侶をまじえて打ち合わせをします。

通夜当日と通夜ぶるまい

▼弔問客の受付を始めます。

▼僧侶が入場し読経が始まると、焼香を行います。

▼故人を偲ぶ会食「通夜ぶるまい」を行います。

神式の通夜祭の式次第

❶斎主入場
❷遺族入場
❸斎主一拝
❹供饌《きょうせん》…副斎主が御饌を供えます。
❺祭詞奏上、誄歌《しのびうた》奏上…斎主が故人の死を悼む言葉（祭詞と誄歌）を唱えます。
❻玉串奉奠（斎主・喪主・遺族・参列者が順に行います。）
❼撤饌《てっせん》…御饌をさげます。
❽斎主一拝・斎主退場

▼通夜終了後は、遺族が夜通し線香の火を絶やさぬように心がけ、遺体を守ります。

⑩葬儀の準備　葬儀当日（53頁）

▼受付、会計、司会との事前の確認をします。

▼供花、供物の名札と並べ方、名前、弔辞、弔電の確認を行います。

▼火葬場へ同行する人数を確認します。

僧侶が入場し、葬儀を執り行います

▼会葬者の受付を始めます。

▼僧侶が入場し、読経、引導を渡します。

▼弔辞奉読、弔電紹介をします。

▼読経、僧侶、喪主、親族に続いて会葬者の焼香を行います。

神式の葬場祭の式次第

❶遺族・近親者等参列者着席
❷斎主（神主）入場
❸開式の辞
❹修ばつの儀
❺献饌《けんせん》
❻祭詞奏上
❼弔辞　弔電
❽玉串奉奠《たまぐしほうてん》
❾斎主退場
❿遺族代表の挨拶
⓫閉式の辞
⓬出棺祭

⑪ 出棺と火葬場 （58頁）

▼棺のふたをあけ、花をしき入れ、最後のお別れとなります。

▼釘打ちの儀を行い、出棺時に喪主が挨拶をします。

火葬場で「骨あげ」をします

▼霊柩車に続き、喪主、親族などが車に分乗して火葬場へ向かいます。

▼僧侶が読経し、焼香をします。

▼同行者一同で「骨あげ」を行います。

⑫ 精進落とし （61頁）

▼火葬場から「精進落とし」の会場に向かいます。

▼遺骨の前で「還骨法要」の読経を行い、繰り上げの「初七

カトリックの通夜の集い例

❶神父による始めの言葉
❷聖歌斉唱（または黙祷）
❸神父による招きの言葉
❹聖書朗読
❺神父の説教
❻献香・献花
❼結びの祈り

カトリック式葬儀の式次第

❶入堂式…神父が祈りを捧げ、参列者が着席します。
❷司祭（神父）入堂
❸入祭の言葉
❹ミサ聖祭…司祭は聖書を朗読し、これに参列者は唱和します。
❺神父退場
❻告別式開式の辞
❼弔辞・弔電披露
❽献花
❾遺族代表の挨拶

日」の法要を行います。

▼遺族、親族や関係者でお世話になった人へのねぎらいの「精進落とし」をします。

▼自宅へ戻り、後飾り壇に遺骨を安置します。

お葬式後の対応で大切なこと

▼受付・会計事務の引き継ぎ、葬儀社への支払い、寺院はじめ各方面への挨拶まわりをします。

▼遠隔地などで訪問できない場合は、電話でお礼を述べるようにします。

▼家族や親族だけで葬儀を行った場合は、死亡通知状を出します。

▼故人が世帯主の場合は、世帯主変更の手続き、電気、ガス、水道などの名義変更、生命保険など各種保険の支払い請求、年金・一時金の支払い請求等をします。

プロテスタントの前夜式

❶牧師による開式宣言
❷讃美歌斉唱
❸聖書朗読
❹通夜の祈り
❺讃美歌斉唱
❻牧師の説教
❼主の祈り
❽讃美歌斉唱・献花

プロテスタントの葬儀式次第

❶奏楽
❷聖書朗読
❸讃美歌斉唱
❹祈祷《きとう》
❺説教
❻祈祷・讃美歌斉唱
❼祝祷《しゅくとう》
❽奏楽
❾告別式

⑬ 四十九日法要（83頁）

- 日時、会場の決定、案内状の送付、会食、引き物の手配、本位牌を準備します。
- 「四十九日」の法要を行います。
- 法要後の会食をします。
- 「香典返し」を贈ります。
- 形見分けや遺品の整理をします。

無宗教葬の式次第例

式次第や演出は遺族の自由な発想にまかされます。

❶ 開式の言葉
❷ 黙祷
❸ 故人の人柄や業績などの紹介
❹ 弔辞・弔電の披露
❺ 遺族代表の挨拶
❻ 献花
❼ 閉式の言葉
❽ 茶話会または酒宴

第1章

危篤になってから葬儀当日まで

- ●医師から〈危篤〉を告げられたときには……
- ●死亡直後には医師や看護師の指示に従って
- ●遺体の搬送と安置のときに気をつけたいこと
- ●「弔事の手伝いは功徳を積む」こと
- ●葬儀社の特徴や提案、費用等を検討します
- ●菩提寺がある場合とない場合とでは……
- ●死亡してすぐに行う死亡届と死亡通知
- ●通夜式の前には遺体を納棺します
- ●故人を偲び冥福を祈る最後の別れ
- ●葬儀と告別式の進め方
- ●告別式が終わると出棺となります
- ●一人ひとりの労をねぎらいます

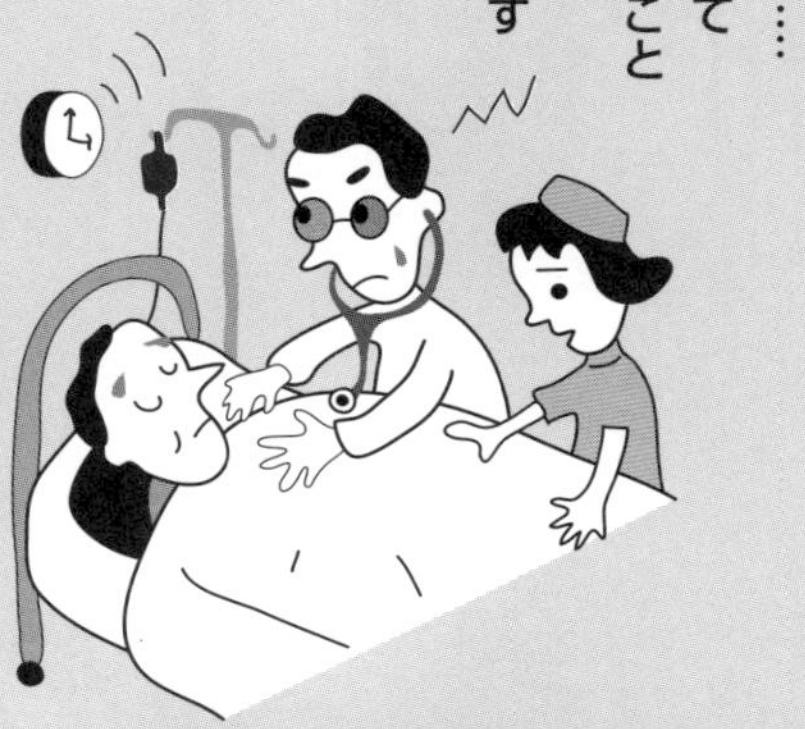

① 危篤におちいったとき

医師から〈危篤〉を告げられたときには……

心の準備が必要なときです

◆**あらかじめ余裕を持った対応を**

家族の病状について「時間が限られてきました……」と医師から話があったときは、心の準備が必要なときです。いろいろな段取りについて、思いを致さなくてはなりません。

〈その時〉になってからでは気が動転してしまうため、前もって余裕を持った対応ができるように、為すべき事柄について順序よく整理しておく必要があります。

家族や親戚、親しい知人と相談をしたり、手近なところで葬儀社を数社あたって、直接具体的な話を聞いておきましょう。

家族が会わせたい人には必ず連絡を

◆**親族への連絡は三親等内まで**

親族等への危篤の知らせは一般的には「三親等」までとされています。

三親等内の親族とは、伯叔父母、兄弟姉妹、曾孫、甥姪までの関係をいい、大伯叔父母や従兄弟姉妹は含まれませんが、これらの関係を次ページに図示しましたので参照してください。

しかし、三親等に限らず、本人と親交の深い人や家族が会わせたいと思っている人には連絡する必要がありますから、家族でよく相談するとよいでしょう。

こうした緊急の連絡は、深夜や早朝の場合でも失礼にはなりません。

三親等内の親族・親等一覧図

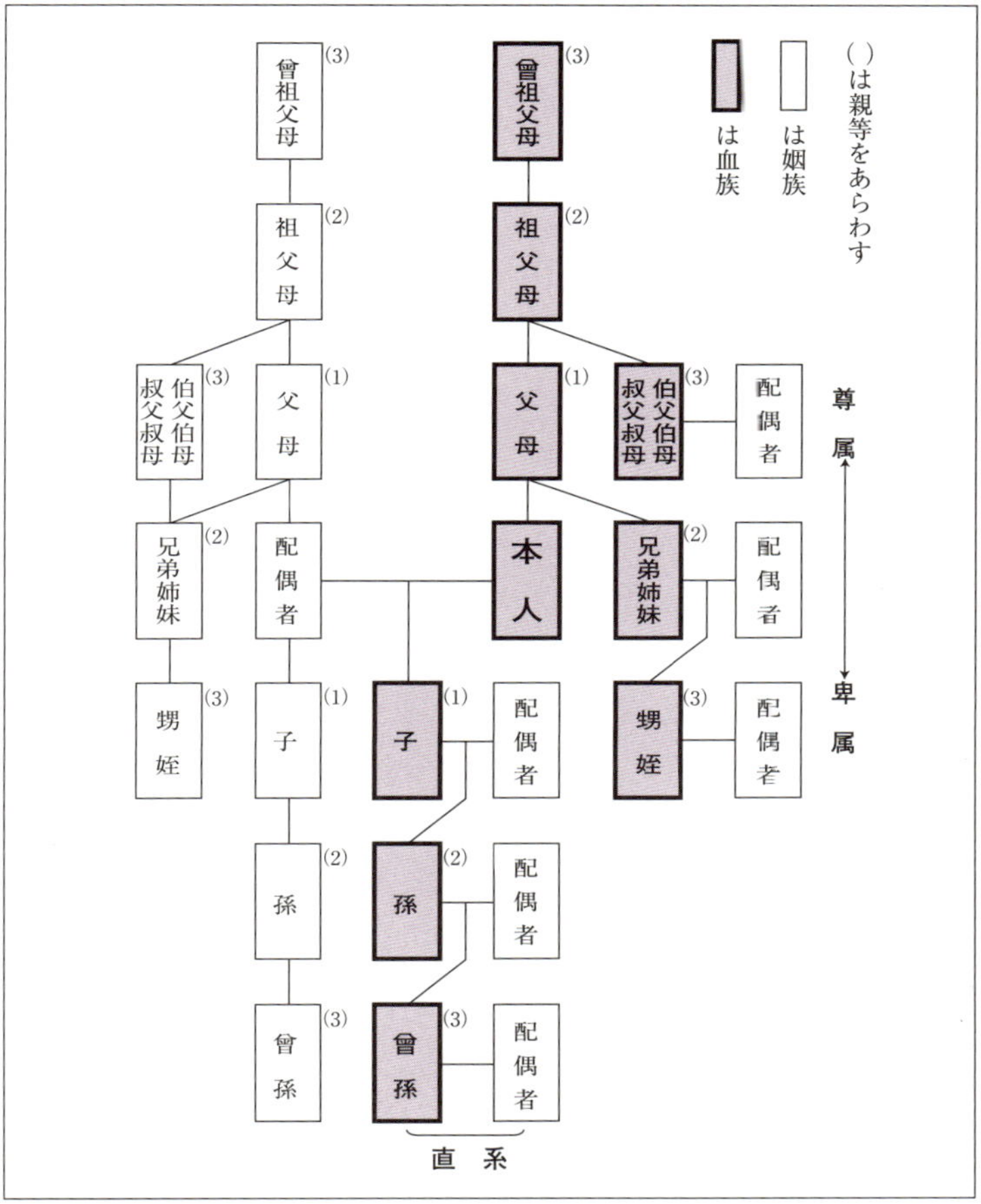

連絡のポイント

連絡の際には

①危篤の人と連絡者の続柄
②入院中の場合は病院の電話番号
③病室番号
④病院までの交通手段
⑤携帯電話などの連絡先

を申し添えます。

危篤・臨終後の手順

①危篤を告げられたら、近親者への連絡を行います。家族や親戚、友人などへの連絡は緊急のため電話で行います。

②医師から死亡を伝えられたら、遺体の唇を湿らす「末期の水」を血縁の濃い順に行います。

③遺体を清め、死装束などの着替えをします。

④医師に死亡診断書を書いてもらいます。

⑤納棺までは、遺体を北枕に安置し、線香を絶やさないように心がけます。

⑥死亡届と火葬許可申請書を市区町村役場に提出し、火葬許可証を交付してもらいます。

知ッ得コラム

喪服

喪主・遺族が通夜と葬儀に着用する礼服を総称して「喪服」といいます。「喪に服している者」が着る服装という意味です。

時々、真珠のネックレスなどを着用する方がありますが、一般には、「装飾品は1点まで」とされています。

つまり、ネックレスならネックレス1点だけ、指輪なら指輪のみです。ただし、正式にいえばそれもNOです。

ゴールドは派手になりますから避けてください。

② 臨終の時

死亡直後には医師や看護師の指示に従って

「末期の水（死に水）」のとり方

◆「臨終」と告げられたら

医師に臨終の時を告げられたら、その場に居合わせた人たちで「末期の水（「死に水」ともいいます）」をとります。

「末期の水」はもともと仏教の教えに従ったものですが、日本人の間では宗教を問わず広く浸透している儀式といってよいでしょう。

「死に水」のとり方は、新しい割り箸の先に脱脂綿（ガーゼでもよい）をしばったものや筆などで水をひたし、亡くなった人の唇を軽く湿らせます。配偶者や親・子など、血縁の濃い順番で行っていきます。

納棺までの順序を手際よく整えてくれます

◆死亡直後に行うことは自宅の場合も病院も同じです

病態が悪化して〈臨終〉の時を迎えるのは、自宅よりも病院の場合がほとんどです。

病院側では担当の看護師さん他スタッフの方たちが手際よく死後処理を整えてくれます。

臨終の場に集っている家族や親族は医師や看護師の指示に従って行動をとります。その内容は次に示すようなことですが、自宅で息をひきとった場合にも同じことです。

死亡直後に行う末期の水・遺体の清めなどの手順

①末期の水（「死に水」ともいいます）をとります。

②アルコールを含ませたガーゼなどで遺体の全身を清め、耳や鼻には脱脂綿を詰めます。現世の苦しみや迷いを洗い清める意味があります。

③衣服の着替えを行います。新しい浴衣やあるいは故人の愛用の服でもよいでしょう。

④遺族の手で「死化粧」をほどこします。髪を整え、髭をあたり、女性の場合には薄化粧をします。

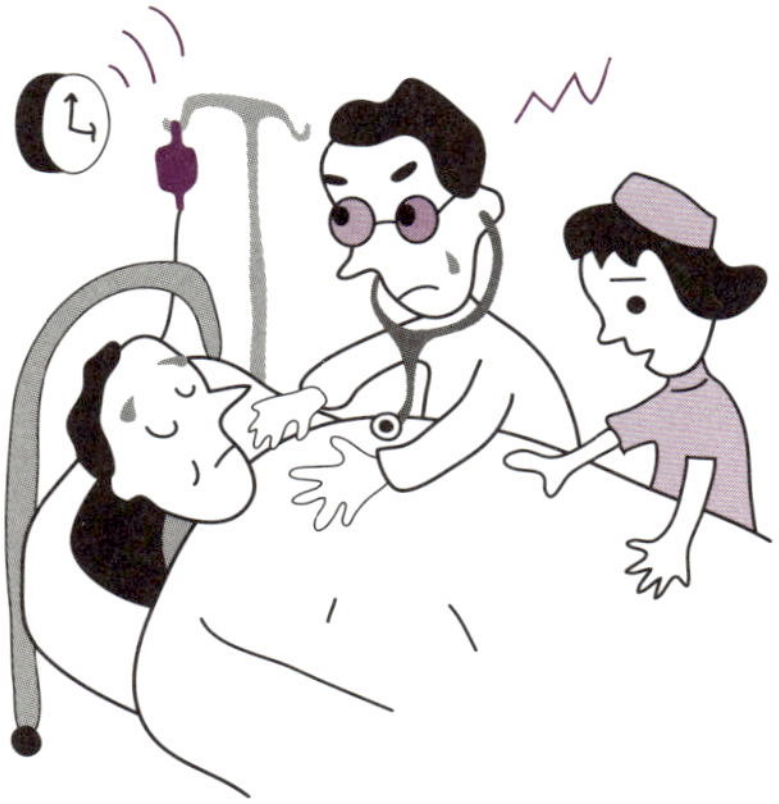

知ッ得コラム

訃報が届いたら急行する

訃報が届いたら、一刻も早く喪家へ駆けつけるようにします。服装は地味なものなら、普段着でもかまいませんが、葬儀まで手伝う場合は喪服の用意をしておきます。この段階では香典はまだ不要です。

近隣で親しくしている人の場合もすぐに弔問します。近所としての手伝いが必要かどうか聞いてみましょう。特別親しい間柄ではない場合は玄関で弔意を伝え、あとで通夜や葬儀に弔問します。

職場に訃報が入った場合には、弔意を伝えると同時に葬儀の日時、場所、形式等を尋ね、同僚もしくは担当部署の人が代表として訪問します。

通知事項はメモをしたうえで相手に伝えます

◆悲しみの知らせは分担して

遺族は悲しみで気が動転していますから、訃報は親族や故人と親しかった友人等で手分けして行うとよいでしょう。

その際には電話で、

①故人の氏名、②死亡日時、③死亡場所、④死因、⑤通夜と葬儀の日時、場所

などを簡潔に伝えます。

こうした通知事項はあらかじめメモをしたうえで相手に伝えると連絡もれがありません。

通夜や葬儀に手伝ってもらえるかどうかも、このとき聞いておくとよいでしょう。

自宅で通夜や葬儀を予定している場合には、近隣周辺に影響を及ぼしますから、町内会や自治会等にも連絡しておく必要があります。

指示があるまで遺体には手を触れないように

◆急死の場合の注意事項とは？

自宅で急死した場合には、まず担当医師と連絡をとります。

医師が到着して、指示があるまでは、遺体には手を触れないようにします。

かかりつけの担当医がいない場合、突然死や事故死などのときは警察による検死を受け、警察医による「死体検案書」が発行されます。

医師が遺体の検死を行ったあとで、死因に異状がなければ、前述したような遺体の処置の許可が出ます。

知ッ得コラム

葬儀と告別式

最近は同時に行われることが普通ですが、元来両者は別ものです。よく司会者が「葬儀並びに告別式を執り行います」などといいます。

すなわち、「葬儀とは死者を弔う儀式」であり、「告別式とはお別れの儀式」です。

告別式が一般に実施されるようになったのは、大正時代からともいわれています。昭和30年代には一般化しました。

③ 遺体の安置

遺体の搬送と安置のときに気をつけたいこと

葬儀全体に関しては数社の見積りを比較検討します

◆遺体を搬送するとき

病院で亡くなったときは、一般に、病院と提携している葬儀社が遺体の搬送・安置を行うことがあります。

しかし、そのあとの葬儀については、病院紹介ではない外の業者を自分で選択して依頼できます。

というのは、搬送・安置をした業者が葬儀の請け負いを申し出ることがありますが、病院紹介の業者だからといって、必ずしも適正料金とは限らないからです。

遺体の搬送が済んだら、精算をしてその業者には帰ってもらい、葬儀全体に関しては、改めて数社の見積り内容を吟味したうえで決定することが得策です。

安易に即断してしまうのはトラブルのもとですが、遺族は動揺しているために、慌てて決定してしまうケースがよくあります。しかし、葬儀社の費用は、料金・内容・サービス等、いろいろ幅があります。

また、通常病院では納棺しません。病院で納棺までしてしまうと、搬送の途中で階段やエレベーターなどのために搬入しにくいこともあります。最近では通夜や葬儀をする斎場に直接、遺体を搬送するケースが一般的な傾向となっています。

しかし、病院から自宅までの遺体の搬送については、特別な車輌は必要ありませんから、遺体を横たえて運べるスペースのある車を持っていれば自分で搬送してもかまいません。

葬儀社の選択は、前述したとおり

料金的なことも当然ですが、斎場の利便性や立地環境も見なくてはなりません。費用面では納得しても、建物の外観が趣味に合わないとか、なかには「お隣りがパチンコ屋だった」ということもあり、実際に足を運んだうえで周辺環境をチェックし、決定する必要があります。

仏式、神式は北向き、その他の宗教は北枕にこだわりません

◆遺体は北向きに安置します

遺体は北向きに頭を向かせて安置します。部屋の都合で北枕に安置することが難しい場合には、西向きとします。

神道も北向きですが、キリスト教や他の宗教の場合には、方角はこだわりません。しきたりや作法については葬儀社のスタッフが相談にのってくれますから、その指示に従えばよいでしょう。

遺体は白い布で顔をおおい、敷き布団一枚程度、シーツは新しい純白のものを用います。掛け布団は、ふだん足もとに来る側を頭の側に持って来ます。遺体の手は胸もとで組ませます。

枕もとには枕飾りをします。これは仏式の場合、遺体を安置した際の荘厳《しょうごん》で、僧侶がそこでお経をあげます。白木か白布をかけた枕机に香炉と燭台、花立てなどを置きます。線香は絶やさないようにしましょう。

年末年始などで遺体を安置しにくい時期には、保管場所のある斎場か火葬場の霊安室などで、一時的に遺体を安置してもらうこともできます。

知ッ得コラム

密葬とお別れの会

「密葬」とは、近親者のみの葬儀のこと、「お別れの会」とは、無宗教スタイルの告別式のことをいいます。

故人の遺影やお花などを飾り、参列者が遺影に向かって献花するのが一般的です。普通は葬儀ホールの他、ホテルやイベント会場などを使います。

「お別れの会」に参列するときには、会費制でなければ、「お香典」と書かずに「志」と書くほうがよいでしょう。

④ 親族の打ち合わせ

「弔事の手伝いは功徳を積む」こと

近親者や親しい人に相談や手伝いをお願いします

◆弔事の手伝いは相互扶助精神で

悲しみで動転している遺族にとって弔事の準備は何かと気が重いものです。それまでの看病疲れやもろもろのストレスがありますし、できれば近親者や親しい人に手伝いをお願いするとよいでしょう。

通夜や葬儀の細かい段取りをすみずみまで考慮して速やかに進行するためには、当事者以外の第三者の協力が心強く、よい結果をもたらします。

仏教では「弔事の手伝いは功徳を積む」ともいわれていますから、これも人生の貴重な体験の一つとなります。相互扶助精神です。

◆まず、「喪主」を決める

まずは近親者で相談して「喪主」を決めるようにします。「喪主」は祭祀を執り行う者、または遺族の代表者という立場を意味するものです。

かつては戸主が「喪主」になる習わしがありましたが、現在では「喪主」は故人と最もつながりの深い人がなることが一般的です。

夫が亡くなった場合は妻、妻の死亡の場合には夫、配偶者が死亡している場合には子どもがなります。

また、幼い子どもが喪主となる場合には近親者の内から後見人を一人付けます。

配偶者が高齢や病身であったりした場合には、長男が喪主となりますし、場合によっては他家に嫁いだ娘が喪主となることもあります。

肉親や親類縁者のいない場合は友

人や知人が「施主」として葬儀を取りしきる場合もあります。

◆葬儀の形式・方針は仏式、神式、キリスト教式…??

葬儀の形式は一般には故人の信仰していた宗教に従っていますが、故人がキリスト教で生家や婚家は仏教、というように、複雑な場合もあるので、近親者でよく相談して決めます。

近年は無宗教の形式で行う場合も増えつつあります。「故人が無宗教の場合は、無宗教で行うほうが自然であり、儀式的には簡素で費用が抑えられ、余計な手数もかからず、心のこもった葬儀ができる」と考えるケースが少しずつ広がっているようです。

「無宗教で葬儀を行いたいけれど、初めてのことなのでわからない」という場合には、葬儀社の担当者に相談すると具体的に種々いろいろな方法を提案してくれます。

音楽葬、山岳葬、文学葬など、宗教に関係のない新しい形式で行うこともできます。

「仏教で宗派がわからない……」という場合は、宗派によりしきたりや進行の仕方が異なるため注意が必要です。埋葬の段になって菩提寺で断られるケースもありますから、この点も事前によく近親者で相談してみましょう。

最も大切なことは故人の遺志を確認し、「その人らしい葬儀」を行うことです。生前にその人が語っていた希望や遺言書などがあれば、それに従って準備を整え、故人の気持ちを尊重し実現させたいものです。

知ッ得コラム

世話役代表と葬儀委員長

通夜や葬儀を取りしきる世話役は、親類縁者や故人の友人、職場の関係者、地域の人たちが担います。

世話人には喪家の内情や地域の風習等に通じている人が適していますが、世話役が決まったら、喪主は世話役代表を決め、すべての指図をしてもらうようにします。

故人の生前の仕事の内容や関係によっては社葬や団体葬となり、葬儀委員長を立てることがあります。実際の進行管理は世話役代表が代行します。

「家族だけで見送りたい……」というケースも近年は多くなっていることの一つです。その場合は故人とつながりの深かった方への連絡やお別れの機会を設けることなどへの配慮も忘れずに話し合っておきます。

◆葬儀の予算はできるだけ明確にしておきましょう

葬儀の規模は故人の社会的な地位や遺志、交際範囲・会葬者の人数、経済的条件、家族の意向等を含めて決定します。

あわただしさに追われて、葬儀の規模や費用を明確にしないまま進行してしまうとあとで後悔することになります。

葬儀社との費用見積を決めて段取りを決定したものの、葬儀後には請求額が何割も膨れ上がっていた、というケースもよくあることです。

葬儀のことでとやかく言いたくない、というのが当事者である遺族の感情ですが、この場合も近親者によく頼んできめ細かい設定を取り決め、予算内で済ませるようにするとよいでしょう。

会葬者の人数と香典の平均的な金額は予想がつきますから、一つの目安となります。あとで負担にならない規模とすることが大切です。

いたずらに世間体を気にして派手な儀式を行うことよりも、心のこもった見送りとしたいものです。

知ッ得コラム

不祝儀袋の表書きは薄墨で

不祝儀袋の表書きは「薄墨」で書きます。

これは「突然の訃報で、墨もよくすりきれないまま書いて来ました」、または「悲しみの涙で文字もにじんでしまいました」という気持ちを表現しています。したがって、「力強く濃く」書いてはいけません。

日本人らしい心豊かな繊細さの表われです。

最近は、文具店で不祝儀専用の薄墨タイプの筆ペンも売られています。

⑤ 葬儀社の選び方

葬儀社の特徴や提案、費用等を検討します

一口に〝葬儀社〟といっても事業形態はさまざま

◆通常は自宅に近い葬儀社に頼みます

急死の場合は別として、病死などの場合にはあらかじめ電話帳で調べたり、近親者や近所の人、市区町村役場の民生課などに相談して葬儀社を選んでおきます。

病院で亡くなった場合には、病院に出入りしている葬儀社に頼むことができますが、通常は自宅に近い葬儀社に頼むと何かと便利でしょう。

しかし、葬儀社と一口にいっても、専門葬祭業者に限らず、互助会や生活協同組合や農業協同組合、墓石や仏壇の会社、住民の福祉を目的とした自治体の葬祭協会など、さまざまです。一定の評価を受けている葬儀社から、それぞれの特徴や提案の内容、費用等をよく吟味して、信頼できるところを選択しましょう。

遺族が望んだ形の葬儀を行えるかどうかは、葬儀社の選択にかかっているといっても過言ではありません。

葬儀社を選ぶポイント

◆第三者が同席して交渉を

個人情報の守秘、訪問時の誠実な対応は当然のことですが、業者選択のポイントとしては次のような点が判断の基準となります。

①地域で長く続いている評判のよ

い業者であること。

②事前相談にも誠実にきめ細かく対応しくれること。

③まず、遺族の事情、要望を詳しく聞いてくれ、それに応じた提案を考えてくれること。押し付け型は駄目です。

④予算に応じて葬儀の規模を設定し、内訳明細のしっかりした見積書を出してくれること。

⑤祭壇、棺などの価格のランクを示すだけでなく、スタッフの仕事やサービスなども手際よく説明してくれること。

⑥よくあるトラブルとして、葬儀終了後に見積額が割増しされ、請求額が変わることがありますが、こうしたトラブルケースにも触れて、こちらの注意点をうながしてくれること。

葬儀社をいくつかにしぼったあとは、インターネットや電話の情報だけではなく、実際に葬儀社を訪ねて直接に情報を得るということが大切です。応対の態度などで、その会社の体制・組織内容・イメージ等も伝わってくるものです。

また、当事者の遺族は気持ちが動転していたり、交渉で口に出しにくいこともあります。できれば、第三者に同席してもらい複数で交渉すると冷静で客観的な判断ができるものです。

葬祭業者のいろいろ

◆それぞれに個性と利点があります

①葬儀専門業者……葬儀専門業者には比較的小規模なところから大手企業に至るまで多数ありますが、必ずしも大手がよいというわけではなく、地元に密着した信頼の厚い業者を選ぶとよいでしょう。ただし、大手業者には新しい形の葬儀などの情報やニーズに応える提案が豊富という利点があります。

因みに大手専門業者として定評ある会社は以下のとおりです。

○公益社（大阪・東京）
○栄光堂セレモニーユニオン
○セレモアつくば
○アイ・ケイ・ケイ
○東京葬祭
○太田屋　など。

②互助会……冠婚葬祭の費用を月々一定額を積み立てて、準備をしておく民間のシステムが互助会です。ただし葬儀セット以外の料理などの実費は、この積み立てには組み

込まれていません。

③自治体……全国の自治体では住民福祉を目的とした「市民葬」とか「区民葬」といわれる葬儀サービスが行われています。自治体から指定された葬儀社が葬儀を請け負うものですが、すべての自治体が行っているわけではありません。

④生協（生活協同組合）……生協が行う葬儀サービスは組合員を対象としたもので、大半は生協との提携葬儀社が行っています。料金体系が明確という特徴があります。

⑤ＪＡ（農業協同組合）……生協同様に、全国のＪＡ組合員を対象とした葬儀サービスですが、なかには組合員以外でも利用できるところもあります。

■葬儀社が行う仕事の内容　不要なものはチェックします

① 病院から自宅までと自宅から斎場（専門式場）までの遺体の搬送
② 枕飾り
③ 通夜、葬儀、告別式の企画・進行管理
④ 葬儀に必要な物品の準備 ・枕飾り・仏衣・棺・祭壇・テント・門前飾り・消耗品他
⑤ 遺影の引きのばし
⑥ 斎場の紹介や寺院、教会、僧侶、神父等の紹介
⑦ 死亡届、火葬許可申請書の提出の代行
⑧ 納棺、遺体の衛生管理
⑨ 祭壇の設営
⑩ 式場内外の準備と受付の設置
⑪ 会葬礼状等の印刷物の手配
⑫ 返礼品の手配
⑬ 料理、弁当等の手配
⑭ 喪服の貸し出し
⑮ 供花、供物、花環などの手配
⑯ 火葬場の手配
⑰ 霊柩車、マイクロバスの手配
⑱ 駐車場の確保、道路使用許可申請の手続き代行
⑲ 火葬場への同行、式場の後片付け、後飾り壇の設営
⑳ 仏壇、仏具、霊園等の紹介

■標準的な葬儀費用の参考項目例

●祭壇／●会場使用料／●御棺／●霊柩車／●寝台車／●御遺影／●祭壇用盛物／●ドライアイス／●会葬御礼状／●脱臭剤／●提灯一対／●後飾り／●骨壷／●門前飾り／●御位牌／●枕飾り／●通夜飾り／●受付所／●その他　幕張/役所等諸手続き/式進行/焼香所設備/小物類等／●追憶（メモリアルビデオ）

■香典の金額の目安と世代別支払い額

（単位／円）

香典送り先	香典相場(金額)	30代	40代	50代	関東	関西
勤務先の上司	5,000	5,000	10,000	10,000	10,000	5,000
勤務先の同僚	5,000	5,000	5,000	5,000	5,000	5,000
勤務先の部下	5,000	5,000	5,000	10,000	5,000	5,000
取引先	10,000	5,000	10,000	10,000	10,000	10,000
祖父母	10,000	10,000	10,000	10,000	20,000	10,000
両親	100,000	100,000	100,000	100,000	100,000	100,000
兄弟・姉妹	30,000	50,000	40,000	30,000	50,000	30,000
叔父叔母	10,000	10,000	10,000	10,000	10,000	10,000
友人・知人	5,000	5,000	5,000	5,000	10,000	5,000
隣近所	5,000	5,000	5,000	5,000	5,000	5,000

知ッ得コラム

お香典

「お香典」とか「お香料」というのは、元来は「お香の代わりにお金を持参しました」の意。「典」は、もともとは「奠」と書きます。「奠」とは「お香を供える台」のことを指します。

また、「菊一輪」とは、「菊の花を一輪ほどの気持ちです」の意。少額のときの表書きに用います。裏面に「返礼拝辞」と書けば、「返礼は謹んで遠慮します」という意味になります。

お通夜のときにのみ使う表書きとしては、「お通夜お見舞い」とか「お悔やみ」という用語もあります。

葬儀社により異なる葬儀料金

◆葬儀にかかる〝三大費用〟とは

　葬儀の費用は、一般に会葬者の人数と香典の平均的金額は大体予想がつきますから、それを目安として、予算の枠を考えるというのが一つの方法です。

　葬儀にかかる費用は仏教の場合を例にとると、①葬儀社への支払い、②お寺などへの謝礼、③飲食接待費、などに大きく分けられます。これらに予算総額の3分の1くらいずつを割り当てると、費用のバランスがとれるともいわれています。

　たとえば、予算総額180万円として具体的に見てみると、葬儀社の支払いに60万円、寺院への御布施に60万円、飲食・接待費に35万円、その他で25万円という割合になります。

　ただし、香典返しや世話になった人へのお礼、墓地・墓石代などは別に必要となります。葬儀はこのように思わぬ出費がかかるため、いたずらに世間体を重んじて派手にするよりもなるべく予算内でおさめ、あとで負担にならないようにします。

　葬儀料金のうち、基本料金とは、祭壇や棺などの葬儀一式をセットとした料金で、セットされる用具・品物や車のグレードによってランク別にされています。それに対して、オプションは基本料金に含まれないもので、テント、貸し布団、式場内外設備、生花装飾などの料金が入ります。

知ッ得コラム

香典の金額

　香典は、職場関係では5,000円〜1万円が一般的な相場で、身内では3万円から5万円程度が相場のようです。

　香典の金額には「4と9のつく数字は避けた方がいい」という迷信と語呂合わせがありますから、3,000円、5,000円、1万円、3万円、5万円等の切りのよい額がいいでしょう。

　会葬返礼品、通夜料理、香典返礼品の3点セットを振る舞えば、受け取る側の負担は大きくなりますから、一般的には香典の金額は最低5,000円以上を目安に考えた方がいいでしょう。

■仏式／参列者100人（うち親戚20名）

公益社会館たまプラーザ3階式場を使用の場合
平成20年調べ　資料提供／（株）公益社

基本葬儀費用	基本セット 生花祭壇・枕飾り・後壇飾り 司会進行・人件費（通夜2名・告別式3名）等	800,000	1	800,000
小計				800,000
消費税				40,000
A　合計				840,000

変動・オプション費用	檜天然木棺（モミB）	150,000	1	150,000
	ご遺影　写真セット（祭壇用・自宅用）	45,000	1	45,000
	防腐処置（ドライアイス）	10,000	0	0
	寝台車（病院～式場）10kmまで	12,600	1	12,600
	防水シーツ	5,000	1	5,000
	エンバーミング送迎車両（たまプラーザ会館～エンバーミングセンター）	18,600	2	37,200
	霊柩車（普通車）	15,600	1	15,600
	マイクロバス（式場～火葬場往復）	34,000	1	34,000
施設使用料	会館安置室使用料	35,000	1	35,000
	会館式場使用料	200,000	1	200,000
	セレモニースタッフ	24,000	0	0
ご遺体保全	湯灌	70,000	0	0
	エンバーミング	150,000	1	150,000
供花・供物	枕花	15,000	0	0
	供花	15,000	0	0
	供物	15,000	0	0
	回転提灯（1対）	15,000	0	0
生花装飾	写真額生花			0
	卓上生花			0
記録	写真撮影			0
	ビデオ撮影			0
寝具・衣装	貸布団（アメニティセット付）	4,000	0	0
	貸衣裳			0
拾骨容器	瀬戸七寸	11,000	1	11,000
返礼・飲食費用	会葬礼状	80	100	8,000
	会葬返礼品（余りはお引取りします）	1,000	100	100,000
	通夜ぶるまい	3,500	50	175,000
	精進落とし	4,500	20	90,000
	飲み物代（実数にてご請求させていただきます）	500	100	50,000
小計				1,118,400
消費税				55,920
B　合計				1,174,320

当社以外への支払い費用	火葬料金（横浜市北部斎場）	12,000	1	12,000
	休憩室使用料	5,000	1	5,000
	飲み物代（実数のご精算となります）	525	20	10,500
C　小計				27,500

A＋B＋C（税込）	2,041,820

■葬儀費用の平均額と内訳

葬儀費用の内訳		（単位：1,000円）
	平均価格	一人当たりの金額
葬儀社への支払い	1,768	
－そのうち飲食・接待費	（293）	2.3
寺院関係への支払い	642	
－そのうち戒名料	（381）	
香典返し	911	5.6
飲食・接待費	362	2.4
その他	232	
葬儀費用の合計	3,458	

出典：「東京都生活文化局「葬儀にかかわる費用等調査報告書」
（※都内在住者対象2001年調べ。平均価格は各項目ごとの数値。）

■利用者から見た葬儀費用の負担状況

（単位：1,000円）

項目	回答額					一人当たりの金額			
	件数（件）	平均価格		最高価格	最低価格	件数（件）	平均価格	最高価格	最低価格
		2001年	1995年（参考）						
葬儀社への支払い	363	1,768.8	1,592.8	8,500	38	—	—	—	—
そのうち飲食・接待費	276	293.2	—	3,000	0	273	2.3	100	0
寺院関係への支払い	313	642.7	637.9	2,500	0	—	—	—	—
そのうち戒名料	231	381.7	402.4	2,000	0	—	—	—	—
香典返し	329	911.2	906.6	6,000	0	326	5.6	94	0
飲食・接待費	223	362.3	451.8	2,500	0	222	2.4	26	0
その他	151	232.4	479.2	3,000	0	—	—	—	—
費用の合計	364	3,458.6	—	16,500	350	—	—	—	—

～都民アンケートの結果より～

財団法人 日本消費者協会　　第７回「葬儀についてのアンケート調査」平成15年９月より

※ 葬儀費用の合計は「個別の費用は分からない」などのケースを含むため、葬儀一式費用・寺院の費用（お経料、戒名料など）・通夜からの飲食接待費用の各費用の合計とは一致しません。

全国
平均額：236.6万円

100万円以下	10.1％
101～150万円	14.9％
151～200万円	17.6％
201～250万円	10.1％
251～300万円	13.1％
301～350万円	4.8％
351～400万円	4.5％
401～500万円	4.2％
501万円 以上	2.1％
無回答	18.6％

北海道
平均額：186.2万円

100万円以下	5.3％
101～150万円	31.6％
151～200万円	5.3％
201～250万円	10.5％
251～300万円	15.8％
301～350万円	0％
351～400万円	0％
401～500万円	0％
501万円 以上	0％
無回答	31.5％

東北
平均額：250.9万円

100万円以下	15.3％
101～150万円	11.9％
151～200万円	10.2％
201～250万円	8.5％
251～300万円	13.6％
301～350万円	8.4％
351～400万円	8.4％
401～500万円	8.4％
501万円 以上	1.7％
無回答	13.6％

関東A
平均額：165.1万円

100万円以下	0％
101～150万円	25％
151～200万円	50％
201～250万円	0％
251～300万円	12.5％
301～350万円	0％
351～400万円	0％
401～500万円	0％
501万円 以上	0％
無回答	12.5％

関東B
平均額：313万円

100万円以下	0％
101～150万円	6.9％
151～200万円	13.8％
201～250万円	13.8％
251～300万円	24.1％
301～350万円	6.9％
351～400万円	13.8％
401～500万円	3.4％
501万円 以上	3.4％
無回答	13.9％

■葬儀費用の地域別平均額

- 最近3年以内に身内の葬儀経験のあった335名（無回答を含む）対象
- 関東Aは茨城・栃木・群馬・千葉、関東Bは埼玉・東京・神奈川、中部Aは新潟・富山・石川・福井、中部Bは山梨・長野・岐阜・静岡・愛知

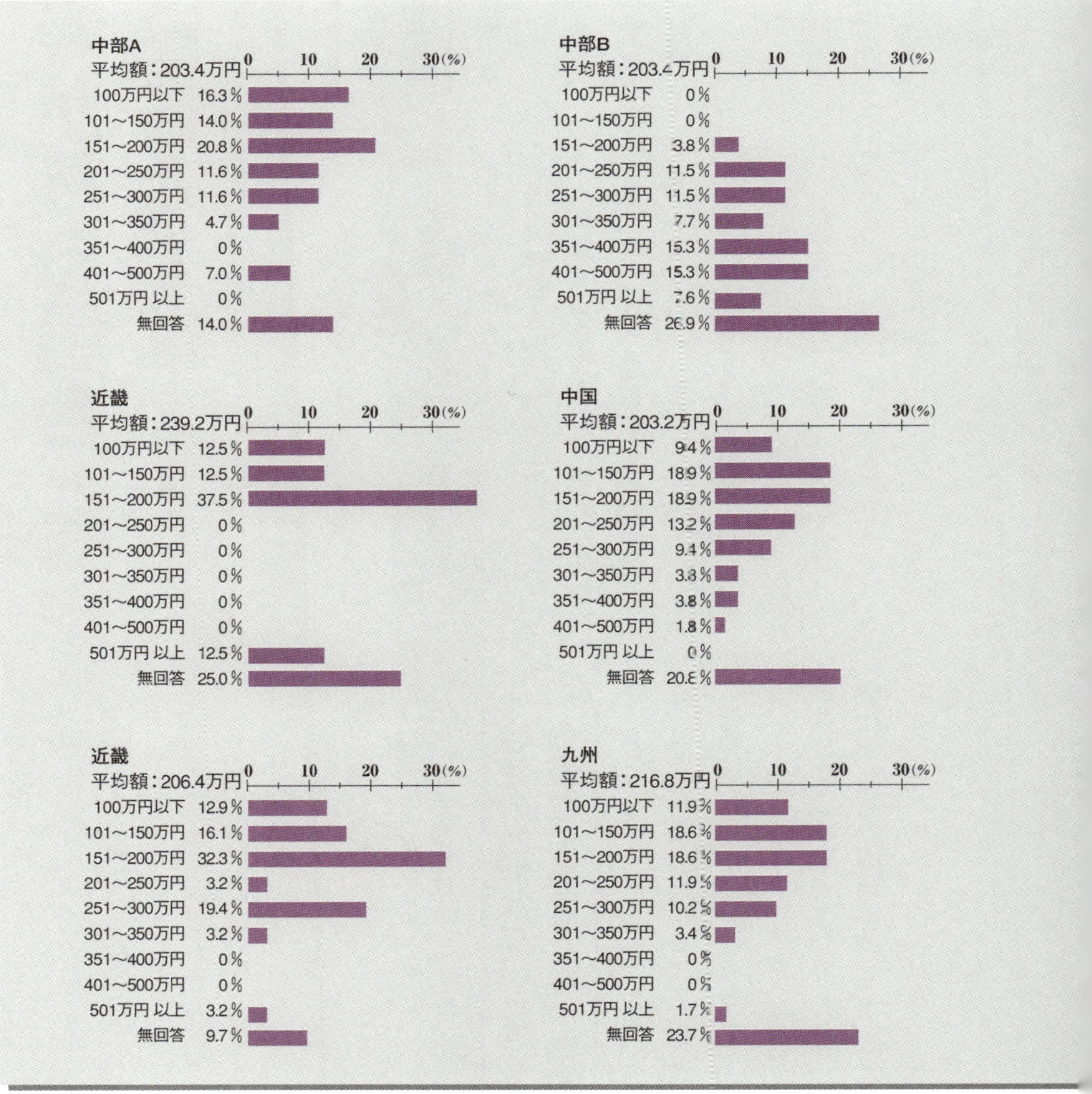

第1章：危篤になってから葬儀当日まで

⑥ 寺院との打ち合わせ

菩提寺がある場合とない場合とでは……

日頃から信仰している寺や神社、教会などがあるとき

◆遺体の安置が済むと、「枕経」を読んでもらいます

日頃から信仰している寺や神社、教会などがあれば、すぐに連絡して通夜と葬儀・告別式の予定を相談します。

弔事の使者は二人で出向いて、通夜や葬儀、戒名やお布施、火葬場まで行ってもらいたい場合には、その旨まで含めた詳しい段取りと費用についての打ち合わせを行っていきます。

仏式では、遺体の安置が済むと、僧侶を迎えて故人の枕元で「枕経」を読んでもらい、冥福を祈ります。「枕経」が終わると、僧侶の都合を聞いて通夜や葬儀の日時を確認します。

本家の菩提寺が遠方の場合は、菩提寺に伺いを立て、近くの同宗同派のお寺を紹介してもらう方法もあります。

本家の菩提寺と引き続きつき合っていく場合には、読経のみをお願いし、戒名は埋葬や法要の際に菩提寺に付けてもらいます。

特定の信仰がないときやどの宗教にも属さない場合

◆「どんな宗派の寺院の僧侶を紹介してもらうのか」ということ

特定の信仰がなかったり、どの宗教にも属さないという場合には、葬儀社に相談するとよいでしょう。葬儀社は地域の情報に詳しく、いろいろなアドバイスが得られます。その

場合は、自分の希望する宗派を依頼してもかまいません。

「どんな宗派のどの寺院の僧侶を紹介してもらうのか」をよく確認しておきます。葬儀社紹介の場合はお寺を持たない僧籍者であることもあります。菩提寺・壇家の関係が薄くなっている昨今では、お寺と菩提寺の関係を持ちたくないという人も多くなっているからです。

そうしたケースでは、年忌法要などの際には、霊園が委託している僧侶にお願いすることになります。

葬儀社に依頼する場合は葬儀社の担当者がさまざまなケースとランクに応じて、葬儀社で手配できる関係先を紹介してくれます。

寺院への支払いも葬儀社を通じて、その額の範囲が提案され、支払いも葬儀社へ一括で行われることもあります。

寺院や神社・教会への謝礼

◆謝礼の内容と形式もいろいろなケースがあります

寺院や神社に支払う謝礼は寺院・神社の格式や喪家の格式によって違いがあります。

謝礼の額は僧侶や神官の人数を考慮して金額を決めることが一般的です。

キリスト教の場合は教会への献金という形が習わしとなっていますが、牧師や神父、オルガン奏者などには謝礼を別に包みます。

こうした謝礼は儀式の終了後に遺族が渡しますが、通夜の日に渡すこ

知ッ得コラム

玉串料

神式の場合には、お香典の表書きに「玉串料」と書きます。

その意味は、「本来は玉串を捧げるべきところ、お金で代えます」ということです。

また、「神饌料《しんせんりょう》」と書くこともあります。

神饌とは、神様に供える食べ物や飲み物のことです。

したがって、「このお金で神様に食べ物や飲み物をお供えください」という弔問者の意思を表しています。

ともありますし、通夜と葬儀に分けて渡す場合もあります。

仏式の場合は、初七日分までを差し上げるとか、御車代や御膳料を通夜や葬儀のときに渡すなど、いろいろなケースがあります。

また、寺院や教会の式場を借りる場合は、使用料は別に支払います。

実際にお願いする場合はこうした点を考慮して、関係者とよく相談し、手落ちのないようにします。日頃つき合いのない寺院などには一括して謝礼する場合が多く、「あとでまとめてさせていただきます」と最初に断っておくとよいでしょう。

謝礼金は仏式の場合は、半紙か奉書紙に包み、仏式の弔事用（神式の場合は神式）の袋に表書きをして渡します。

表書きは仏式は「御布施」、神式には「御祭祀料」、「御礼」などと書きます。

謝礼の額についてはそれぞれの関係先の人と相談しておくとよいでしょう。

寺院への支払いについては、参考として、69頁に「東京都生活文化局」の調査した費用をあげておきました。

知ッ得コラム

お花料

キリスト教で一般に使われる表書きです。十字架があしらわれたデザインで、文具店でも一般に売られています。

プロテスタントでは「忌慰料」、カトリックでは「御ミサ料」とも書きます。

また、「御白花料」という表現は、お棺を白いお花で飾るキリスト教の習慣から来ています。

仏教でも「お香料」とすることがありますが同趣旨と考えてよいでしょう。

⑦ 死亡届・通知と葬儀ご案内

死亡してすぐに行う死亡届と死亡通知

死亡診断書は必ずコピーをとっておきます

◆死亡届は14日以内に

死亡届は、亡くなった日から14日以内に、死亡した場所または死亡者の本籍地または届け人の現住所の市区町村役場に提出します。

用紙は葬儀社や病院にも用意されています。

死亡届と死亡診断書は一枚になっていますから、臨終に立ち合った医師に死亡診断書をもらわなくてはなりません。

死亡届を提出しないと火葬（埋葬）許可証が出ませんから、実際には死亡した日か、その翌日に届け出ることが一般的です。

届け出は日曜・祝祭日に関わらず、いつでも受け付けてくれます。代理人に代行してもらうこともできます。（その場合は届け人の印鑑が必要です）。

この火葬許可証は、火葬場に提出し、証明印をもらうと、そのまま埋葬許可証になり、墓地に埋葬する際にも必要となります。

また、死亡診断書は生命保険の申請や相続の際にも必要となりますから、必ずコピーをとっておくようにします。ただし、生命保険会社指定の様式が必要な場合があります。

事故死や自殺などの場合には、警察医の検死を受け、死体検案書を発行してもらい、死亡届と一緒に提出します。

死亡通知状の見本は葬儀社にあります

◆死亡通知と会葬礼状など

死亡通知は葬儀の日程が決まり次第、発送し、葬儀の日時・場所を知らせます。

死亡通知状の見本は葬儀社にあり、印刷手配もしてくれます。世話役が決まっている場合は一任し、文章の内容や枚数を決めます。

通知状は黒枠かグレーの枠の私製はがきなどに刷り、封書の場合は封書も枠取りしたものを使います。

前文、時候の挨拶は省略し、喪主と故人の続柄、死亡日時・死因・生前に受けたご厚情への感謝の言葉などを述べ、葬儀の日時と場所、年月日、喪主の住所氏名、親族代表の名前を記します。

なお、会葬礼状は本来、葬儀の終わったあとに発送するものですが、近年は葬儀のときに出口で、白いハンカチや清めの塩の小袋などと共に渡すことが最近の主流です。

会葬礼状の見本も葬儀社や印刷会社などにあり、打ち合わせの際に決めることができます。

また、費用は少しかさみますが、故人が生前に書いた文章や思い出の写真などを配した心のこもった会葬礼状をオリジナルにつくることもできます。作り方や費用について、印刷会社や葬儀社と相談してみましょう。

仕事や遠方などの事情で葬儀に出席できなかった人や、故人とのつき合いの深かった人には、葬儀が終わって落ち着いたときに、感謝をこめた手紙を送るようにします。

知ッ得コラム

一膳飯《いちぜんめし》

ご遺体が自宅に帰ってきたとき、枕元に用意するのが「一膳飯」です。

故人が生前使っていたご飯茶碗に、ご飯を大盛り（こんもりと小山を作って）に盛り付け、中央にはお箸を二本揃えて立てます。

これは、他の人々には分配しないという意味があります。

■死亡届

死　亡　届

年　月　日届出

長

受理　平成　年　月　日	発送　平成　年　月　日
第　号	
送付　平成　年　月　日	長　印
第　号	

書類調査	戸籍記載	記載調査	調査募	附票	住民票	通知

(1)	(よみかた)	
(2)	氏　名	氏　名　□男　□女
(3)	生年月日	年　月　日（生まれてから30日以内に死亡したときは生まれた時刻も書いてください）□午前 □午後　時　分
(4)	死亡したとき	平成　年　月　日　□午前 □午後　時　分
(5)	死亡したところ	番地 番　号
(6)	住所（住民登録をしているところ）	番地 番　号 (よみかた) 世帯主の氏名
(7)	本籍（外国人のときは国籍だけを書いてください）	番地 番　号 筆頭者の氏名
(8)(9)	死亡した人の夫または妻	□いる（満　歳）　いない（□未婚　□死別　□離別）
(10)	死亡したときの世帯のおもな仕事と	□1. 農業だけまたは農業とその他の仕事を持っている世帯 □2. 自由業・商工業・サービス業等を個人で経営している世帯 □3. 企業・個人商店等(官公庁は除く)の常用勤労者世帯で勤め先の従業者数が1人から99人までの世帯(日々または1年未満の契約の雇用者は5) □4. 3にあてはまらない常用勤労者世帯及び会社団体の役員の世帯(日々または1年未満の契約の雇用者は5) □5. 1から4にあてはまらないその他の仕事をしている者の世帯 □6. 仕事をしている者のいない世帯
(11)	死亡した人の職業・産業	(国勢調査の年…平成　年…の4月1日から翌年3月31日までに死亡したときだけ書いてください) 職業　産業
	その他	
	届出人	□1.同居の親族　□2.同居していない親族　□3.同居者　□4.家主　□5.地主 □6.家屋管理人　□7.土地管理人　□8.公設所の長
		住所　番地 番　号
		本籍　番地 番　筆頭者の氏名
		署名　印　年　月　日生
	事件簿番号	

連絡先	
	電話（　）　番
	自宅・勤務先・呼出　方

記入の注意

鉛筆や消えやすいインキで書かないでください。
死亡したことを知った日からかぞえて7日以内に出してください。

届書は、1通でさしつかえありません。

→「筆頭者の氏名」には、戸籍のはじめに記載されている人の氏名を書いてください。

→内縁のものはふくまれません。

□には、あてはまるものに☑のようにしるしをつけてください。

→死亡者について書いてください。

◎届出人の印をご持参ください。

⑧
納棺

通夜式の前には遺体を納棺します

あの世に旅立つ巡礼の衣装を着せます

◆葬儀社のスタッフが手伝ってくれます

納棺は遺族だけで行ってもかまいませんが、いまは葬儀社のスタッフの人たちが指示し、手伝ってくれます。

納棺の時期に決まりはありませんが、通夜式の前に家族のそろったところで遺体を納棺します。

昔は「死出の旅路」ということで、経かたびらを着せ、白足袋にわらじをはかせ、手甲、脚絆をつけ、三途の川の渡し賃として六文銭を持たせていました。

しかし、現在では紋服やゆかた、愛用の着物や洋服などを着せ、合掌させた手に数珠をかけ、あとは葬儀社が用意した経かたびらや足袋、わらじ、手甲、脚絆などを入れるという形式的なものになっています。

棺の中には、故人が生前に愛着を持っていた品々を入れ（金属類や宝石類など燃えにくい物は入れないようにします）、用意した花々で全身をおおってあげます。

（近年ではこうした副葬品は環境保護の観点からあまり棺の中には入れない傾向になりつつあります。）

数珠の持たせ方は両手を組み合わせ、親指と人さし指の間に数珠をはさみ、左右の指を互い違いに組んで折り曲げるようにします。

納棺が済んだらふたをして棺の上に金らんの布をかけ、祭壇の前に安置します。（地方によっては「守り刀」を棺の上に置くところもあります。）

⑨ 通夜の準備と通夜当日

故人を偲び冥福を祈る最後の別れ

いまでは「半通夜」が一般的です

◆最後の別れの夜を共に過ごす

かつては遠方からの客のために、亡くなった日に「仮通夜」が、その翌日は「納棺」、その夜は「本通夜」が、その翌日には「葬儀」が行われていました。

「通夜」には、かつて、神霊が深夜に来臨するのを迎えるという神仏への祈祷と、遺体を鳥獣から守り、死者に悪霊がとりつくのを防ぐという意味がありました。

今日では、他人を交えず近親者だけで故人と飲食を共にしつつ一夜を過ごします。

本来は、死者を葬る前に近親者や友人など身近な人たちが集って、故人を偲び冥福を祈って、最後の別れの夜を共に過ごすというものです。

しかし、現在ではこうした形が少なくなって、死亡後は遺体の安置・枕経が終わると、その日のうちに通夜を行うことが一般的になっています。

また、「通夜」は文字どおり、徹夜で行う習わしがありました。

しかし、今では夜通し棺を守るのは少数の近親者に限られ、一般の弔問客は午後6時頃から読経と焼香を行い、数時間で早めに切り上げる「半通夜」が普通になりました。

通夜の準備で確認すること

◆供花、供物の並べ方、名前や席

順の確認など……

一般に、通夜の準備としては次のようなことを行います。

❶家庭で行う場合は玄関に「忌中」のはり紙をし、要所要所に道順を表示します。

葬儀社やお寺の式場で行う場合には、受け付けの開始時間、終了後の香典の処理について確認します。

❷供花、供物の並べ方や名前に間違いがないかチェックします。故人と血縁の深い順、贈った人の社会的地位なども考慮し、棺に近いところから並べます。

❸遺族や近親者だけで仮通夜をする場合は、略式でもかまいませんが、一般通夜は正式の喪服を着用します。

遺族に代わって葬儀を行う世話役は喪章、世話役の代表者や葬儀委員長は喪服を着用します。

❹通夜の席順は、正式なものではないので変わってもかまいませんが、祭壇に向かって右側が遺族席で、棺に近いところに喪主、遺族、近親者というように血の濃い順に座り、左側に弔問客が座ります。

❺通夜ぶるまいの料理や酒は不足した場合は何を追加できるか確認しておきましょう。手伝いの人たちの食事の用意もして手すきの時間に食べてもらいます。

通夜式の順序

◆読経で始まる通夜式

通夜の式は僧侶の読経で始まります。

僧侶の到着後、控え室で通夜の式次第について説明し、読経のあとで法話をしていただくかどうか、通夜

知ッ得コラム

略礼服について

正式な喪服の代わりに着用するものを「略礼服」といいます。男性なら黒のシングルまたはダブル、女性は黒のスーツまたはワンピースです。

仏教に限らず、殺生を戒めるという考え方から、冬季であっても毛皮の着用は遠慮すべきでしょう。

なお、通夜に参列する場合には、普段の服装そのままでかまいません。多くの場合、通夜の知らせは突然だからです。

ただし、遺族は略礼服です。

ぶるまいを受けていただくかなども打ち合わせておきます。

　喪主、遺族、親族は早めに着席して、僧侶を待ちます。僧侶の読経のあとは、喪主、遺族、弔問客の順に焼香を行います。

　焼香は一人ずつ祭壇の前に進んで行う場合と読経の間に香炉を回す場合がありますが、焼香が済むと通夜の式は終わりです。

　僧侶の退場後は、弔問のお礼と故人がお世話になったことへの感謝を述べ、通夜ぶるまいの席へ案内をし、別室で通夜の茶菓や料理をすすめ、故人を偲びます。

　こうした挨拶は喪主が行うことが多いのですが、通夜の挨拶は弔問のお礼を簡潔に述べるだけでよいでしょう。

通夜の挨拶の一例

◆喪主による通夜の挨拶

　次に喪主による通夜の挨拶の一例を示します。

「本日はお忙しい中をお越しいただき、誠にありがとうございました。故人に代わりお礼申し上げます。故人は○月○日、○歳の生涯を閉じました。生前賜りましたご厚誼には深く感謝しております。この席を借りましてお礼申し上げます。

　ささやかではございますが、別室に酒肴が用意してあります。どうぞ、故人を偲んでお召し上がりください。」

知ッ得コラム

頭北面西《ずほくめんさい》

　ご遺体の安置は、仏教では原則として「北枕《きたまくら》」です。

　この習慣は、お釈迦様が北インドの小さな村落で亡くなったときのお姿に由来しています。お釈迦様は、「頭北面西右脇臥《ずほくめんさい・うきょうが》」といって、顔を西に向け、右脇を下にしていたということです。

　お部屋の都合でこれがムリなら、西方浄土になぞらえて、「西枕」にすることも許されます。

通夜ぶるまいの席

◆お開きの挨拶

通夜ぶるまいの席では、故人の先輩や恩義のある人、世話役や友人などが上座に座り、遺族は末席で接待に心を配ります。

自宅で葬儀を行うことが一般的であった頃は、近隣の人の協力を得て料理でもてなし、夜遅くまでの酒宴となることがありましたが、いまは式場を借りて寿司やサンドイッチ、オードブルのような仕出しの料理を注文するということが多くなりました。

通夜の過ごし方に決まったものはありませんが、宴会のようになっても困りますし、あまり湿りがちになってもいたたまれないものです。

通夜の席は遅く来られる人もいますから、時間どおりに打ち切ることはできませんが、予定の時刻を少し過ぎた頃には、挨拶をしてお開きとなります。

喪主あるいは世話役代表が行う挨拶の内容は次のようなものです。

「――本日はお忙しいところお集りいただきまして、誠にありがとうございます。おかげさまで故人との最後の別れを済ませることができました。○○もさぞかし喜んでいることとおもいます。遠方よりお越しの方もいらっしゃることと思いますので、この辺りでお開きにさせていただきたいと思います。ありがとうございました。」

喪主・遺族は、弔問客を玄関まで見送らないしきたりがあります。目上の人や故人とつながりの深い人でも、部屋で目礼する程度でよいでしょう。

弔問客が帰ったあとは、喪主と世話役、葬儀社の人をまじえて翌日の葬儀について打ち合わせます。

知ッ得コラム

湯灌《ゆかん》

ご遺体を洗い清めることを湯灌《ゆかん》といいます。

病院でも、アルコールなどを使って最小限の処置はしてくれますが、遺族から依頼すれば、ご遺体がご自宅に戻ってから、専門の業者がこれを行います。

サッパリと浮世の汗を洗い流してあの世に旅立ってもらいたい、という遺族一同の気持ちの現れといってよいでしょう。

⑩
葬儀の準備
葬儀当日

葬儀と告別式の進め方

葬儀と告別式

◆葬儀に続いて告別式が行われます

葬儀と告別式は、以前は別々に行うものでした。

本来、葬儀とは、遺族や近親者、友人、知人などが集って故人の成仏を祈る宗教儀式であり、告別式は会葬者が故人との最後の別れをする社会的な儀式でした。

しかし近年は同じものとして、葬儀に続いて告別式が行われています。（現在でも著名人の大きな葬儀などでは、葬儀と告別式とは別々に行われています）

葬儀・告別式の進行は、小規模な儀式であれば葬儀社のスタッフにまかせておけばよいわけですが、司会者などを要する大規模な葬儀の場合は、次のような手順を細かく打ち合わせておきます。

①葬儀委員長の挨拶の時間
②弔辞を依頼した人の人数、時間
③弔電紹介の時間
④焼香順位・人数・時間
⑤喪主の挨拶
⑥葬儀と告別式の所要時間

通夜の日の打ち合わせに沿って、世話役代表が葬儀・告別式の進行表を作っている場合はそれを関係者に配付するとよいでしょう。

葬儀の準備と仕事分担

◆仕事の分担で進行状況がわかり

やすく確認できます

葬儀の進行を手伝う世話人の仕事は小規模の葬儀は一人が代表して行ってもよいのですが、大規模の場合は次のように分担すると、進行状況がわかりやすく確認できます。

❶葬儀会場では**「受付係」**が白い布をかぶせた机を用意し、受付を表示して、会葬者記帳簿と供花・供物記帳簿、筆記用具、名刺受け等を用意します。

受付の近くには「携帯品預かり所」を設け、盗難防止のためには常時一人以上の在室を心がけます。

また、受付係は会計係を兼ねて香典の確認・処理を行います。

❷**「進行係」**は世話役代表と十分な打ち合わせを行い、火葬場に行ってもらう会葬者の確認と依頼、弔辞の依頼の確認、弔電の整理や司会などを兼務することがあります。

「火葬許可証」を忘れると、火葬場で受け付けてもらえないので必ず持って行くように確認します。

❸**「会場係」**を決めて、来賓を控え室や予定の席に案内します。「会場係」は葬儀社のスタッフが手伝ってくれますが、会葬者が多そうなときには回し焼香のための香炉盆を用意し、会葬礼状を配るときは帰路のところで渡すようにします。

自宅で行う場合も、葬儀社のスタッフが屋内通路に白布を敷いたり、玄関先などに焼香台を準備したりしてくれます。

❹火葬場の控え室では骨あげまでの間に茶菓を接待します。来賓と僧侶を接待する**「接待係」**を決めておきます。

知ッ得コラム

親族への連絡は、一般的に三親等まで

親族でなくても、本人が会いたい人、家族が会わせたい人には、必ず連絡するようにします。誰を呼んでほしいのか、あらかじめエンディングノート等を活用して本人に確認しておくのが理想的です。

医師に危篤を告げられたら、家族、親族、友人などに連絡します。普段あまりつき合いのない人や、臨終に間に合いそうもない場合は、差し控えたほうがいいでしょう。

焼香の順序（故人が父親の場合）

◆血縁の近い順から行います

焼香の順番は血縁の近い順で行い、夫婦の場合は同時に、喪主が長男の場合には長男、未亡人、長男の妻の順で行っていきます。

原則的な焼香の順は、

①喪主（未亡人または長男）
②姓の変わらない子供
③姓の変わった子供とその配偶者
④故人の父母
⑤故人の配偶者の父母
⑥故人の孫
⑦故人の兄弟姉妹
⑧故人の配偶者の兄弟姉妹
⑨故人の叔父・叔母
⑩故人の配偶者の叔父・叔母

遺族・近親者の服装と会葬礼状

◆男性の喪服と女性の喪服

葬儀・告別式の遺族と近親者の服装は正式の喪服となります。

男性の喪服は、モーニング、ズボン、ネクタイ（ネクタイピンは不要）、チーフ、靴、靴下等すべて黒で統一します。

女性の喪服は、和服の場合は黒無地の五つ紋付、洋服は黒無地のワンピースかスーツ（夏でもノースリーブは着用しません）となります。

喪章は左腕に巻き、和装には付けません。正式な喪服を着ている場合は本来、遺族以外は喪章を付けません。

会葬者には葬儀のあと会葬礼状を出しますが、これもいまは簡略化して、告別式場の出口で返礼品に添えて手渡しています。

葬儀と告別式の進行順序

◆宗派により規模によりいろいろ

葬儀と告別式の進行は宗派により規模によりいろいろですが、一般には次のように進行します。

①参列者の着席と僧侶入場

遺族・近親者は喪主を筆頭として、祭壇に向かって右側に、遺族・近親者・親類の順に早めに着席します。

祭壇の左側には、葬儀委員長、世話人代表、勤務先の代表者や友人・知人などの順に並びます。

こうした席次で焼香の順序が決まりますので、主だった人には失礼のないように案内します。

すべての参列者が着席し終わった頃に、僧侶の入場となります。

②開式の辞

進行係による「開式の辞」が行われます。社葬では故人の肩書きや敬称を付けますが、個人葬では肩書き等は付けず「ただいまから故○○の葬儀を執り行います」と挨拶します。進行係や葬儀委員長が簡略に故人の人柄・経歴に触れることがあります。

③僧侶による読経

読経は一般に30～40分程度です。読経に続き、導師が引導を渡すこともあります。

④弔辞・弔電

進行係が「ただいまより、弔辞を頂戴します。友人代表○○殿」と指名します。弔辞は一人三分程度で数人が普通です。

弔辞が終わると進行係は礼を述べ「弔電を拝読させていただきます」と弔電を読み上げ、弔電多数の場合は「他に○通頂戴しております。時間の関係で省略させていただきます」と挨拶します。

⑤焼香

僧侶が焼香したあと、二度目の読経が始まり、進行係が「これより焼香に移ります」と挨拶し、喪主・遺族・近親者の順に焼香をします。

焼香の終わったあと、大きな葬儀では葬儀委員長か喪主が会葬者にお礼の挨拶を述べることもあります。

⑥閉式の辞

進行係が「これをもって葬儀を終了します」と挨拶し、一般会葬者のために中央を開ける式場整理を行います。

司会者が「引き続き、告別式に移ります」と申し述べると、それまで

知ッ得コラム

枕だんご

ご遺体の枕元にお供えするものの一つが「枕だんご」です。上新粉を蒸して作ります。お湯に落として茹でてもできます。わからないときは葬儀社の担当者が細かく教えてくれます。載せるお皿は無地でなければいけません。

数は6個または13個とされています。六地蔵とか十三仏がその由来です。

祭壇に向かっていた喪主と遺族は、告別式のために会葬者のほうへ向いて座ります。

⑦告別式の開始

僧侶が読経を開始すると、一般の会葬者が次々に焼香を始め、遺族に向かって頭を下げます。

遺族は会葬者一人ひとりに返礼します。

一般会葬者の焼香が終わると、僧侶は退場します。遺族と参列者は僧侶に頭を下げて謝意を示します。

⑧閉会の辞

進行係の次のような言葉によって告別式は終了となります。

「これをもちまして、故○○の葬儀ならびに告別式を終わります。長時間にわたりまことにありがとうございました」

そして、出棺の用意があるため、控え室でしばらくお待ち下さい、と挨拶します。

自宅で葬儀を行う場合には、告別式を区別せず、いっしょに行うことが多いため、こうした開始や終了の挨拶は特に必要ありません。

知ッ得コラム

お焼香の回数

お焼香に回数の決まりは特にありません。普通、三回する人が多いようですが、必ず三回でなければならない、という決まりはどの宗派にもありません。

会葬者が多数のとき、葬儀社スタッフから「お焼香は一回でお願いします」など案内されることもあります。なお、浄土真宗は、香を一回つまみ、おしいただかずに焼香することになっています。

⑪ 出棺と火葬場

告別式が終わると出棺となります

骨あげは生きているときと同じ形

◆最後の対面の「別れ花」

告別式が終わると祭壇から棺を下ろし、ふたを開け、祭壇の生花をちぎって遺体の周囲に埋め最後の対面をします。これを「別れ花」といいます。個人の愛用品や思い出の品を棺に納める場合には、火葬後に残るものや溶け出して骨に付くものは入れないようにします。

最後の対面をしたあとで、喪主や近親者で棺のふたを閉め、釘を打ちます。小石で、頭の方から足の方へ、一人二回ずつ、打つまねをするわけですが、最近では別れ花のみで釘打ちはしない傾向にあります。

釘打ちが終わると近親者の男性六人ぐらいで、関東では遺体の足部を先に、関西では頭部を先にして霊柩車に運びます。

遺族は霊柩車を見送る会葬者の前に並び、代表者が故人の生前の交情と会葬に対する謝意を述べ、火葬場へ向けて出発します。

なお、キリスト教ではカトリックもプロテスタントも、今日では出棺式を省略することが多く、告別式の後は棺は会葬者に先だって遺族と共に教会から退場します。

火葬場で行われる儀式

◆心づけを手渡します

霊柩車には棺と葬儀社の人、運転手が乗り、次の車に僧侶、喪主、遺族、以下近親者、親しい友人等の順に従って車に乗り込みますが、最近ではマイクロバスで行くことが多くなっています。

霊柩車やハイヤーの運転手に渡す心づけの金額は地方により格差があり、運転手には3,000円〜5,000円、火葬場の係員には3,000円〜1万円程度ですが、葬儀社の人と相談して決めるとよいでしょう。

火葬場では火葬許可証がないと遺体を火葬できませんが、これは葬儀社のスタッフが管理事務所で手続きを代行してくれます。

火葬場に着くと、柩は係員によってかまどの前に安置され、僧侶が最後の読経をし、全員で焼香をします。火葬には1時間前後かかります。控え室では茶菓の接待をしながら故人を偲びます。果物や菓子の他、身を浄めるという意味から酒類も用意します。

火葬が終わると遺族や近親者で骨を拾います。木と竹を組み合わせた箸を使って二人一組で骨をはさみ、骨壺に入れます。

この「骨あげ」（拾骨、収骨ともいいます）は、足の骨、腕の骨、背骨、肋骨、歯、頭骨の順に拾い、最後に故人と最も縁の深い人がのど仏を拾うのがしきたりで、生きているときと同じ形になります。神式も同様に行い、キリスト教の場合も日本では同じように行われます。

分骨するときは骨壺を二つ用意しておきます。この場合は火葬場の職員に申し出て許可書をもらいます。

骨あげが済むと火葬場の係員が骨壺を桐の箱に納め、白布に包んで渡してくれます。喪主がその遺骨を両

知ッ得コラム

出棺の挨拶の例

本日は御多用中にもかかわらず、故○○の葬儀にこのように多数ご参列いただきまして、ありがとうございました。

おかげさまで、告別式もとどこおりなく終えることができました。最後までお見送りをしていただき、故人もさぞ喜んでいることと思います。故人が生前ひとかたならぬご厚情を賜りましたことと併わせて、深く感謝いたします。どうぞ今後も変わらぬご厚誼を賜りますよう心よりお願い申し上げます。

手で持ち、位牌や遺影は別の遺族が持ちます。火葬場から帰ってきた人たちはおけの水で手を清め、留守番の人たちに清めの塩を肩のあたりにかけてもらいます。最近では会葬礼状にセットされたものを使うことが多くなりました。

キリスト教ではこうした「清め」の考え方はなく行っていません。

遺骨は用意された後飾り壇に安置して（忌明けの四十九日まで飾ります）、灯明をともし線香をあげます。

後飾り壇は「中陰壇」とも呼ばれ、香炉や燭台などの仏具を置き、生花や果物を飾ります。後飾り壇は葬儀社で用意してくれます。

遺骨を安置したら「還骨法要」と呼ばれる読経を行います。宗派により「還骨勤行」ともいわれていますが、この読経のあと、喪主をはじめとして焼香を行い、これをもって葬儀の終了となります。

最近は「還骨法要」のお経に続いて初七日の法要も行っています。遺骨は埋葬の日まで、寺の納骨堂であずかってもらいますが、自宅に安置しておくこともかまいません。

神式では霊前で葬儀が終了したことを意味する「帰家祭」を行いますが、キリスト教にはこれに相当する儀式はありません。

知ッ得コラム

陰膳《かげぜん》

お通夜の精進落としのときに用意する故人の分のお料理のことを陰膳《かげぜん》といいます。

四十九日や一周忌などの法事の際にも、陰膳は忘れずに準備します。

葬祭専門の料理屋さんであれば、陰膳専用のお料理が用意されていますから、これを注文することも当然ながら可能です。

⑫ 精進落とし

一人ひとりの労をねぎらいます

昔は葬儀が終わるまでは肉や魚を断ちました

◆喪主や遺族は末席に座ります

「骨迎え」のあとは、お世話になった人たちを招いて感謝の意味で酒と料理のもてなしをします。この宴を〝精進落とし〟または〝お斎《とき》〟といいます。

本来は精進落としは四十九日の忌明けをもって行う食事でしたが、近年ではほとんどの場合、葬儀の日と同日に行っています。

昔は死者が出ると葬儀が終わるまでは生ぐさいものを断ち、精進料理で過ごす習わしがあり、このとき、初めて肉や魚を食べることから精進落としと呼ばれています。

精進落としの宴では、喪主や遺族は末席に座ることになります。

一同着席したところで、喪主か遺族代表がとどこおりなく葬儀を済ませることができたお礼の挨拶をします。そして、遺族は一人ひとりお酌などをしながら労をねぎらいます。

精進落としには特別な形式のようなものはなく、自宅でもかまいませんが準備等が大変なため、斎場や料亭などで行うことが一般的になっています。

宴席は設けず、折り詰め料理や酒などを配ったり、地方によっては金品を包んで渡すということも行われています。

お開きは早めにしたほうがよいということ

◆精進落としを省略したり、宴に僧侶を呼ばないとき

精進落としは飲んで騒ぐことが宴の目的ではありませんから、遅くまで延々と続けるものではありません。

遺族や近親者も葬儀・告別式の疲れが出る頃ですから、お酒や酌がひとわたり済んだところでお開きにします。

お開きの挨拶は親族代表が「あまり長くおひきとめするのもご迷惑かと思いますので、そろそろお開きとさせていただきます」というような簡単な言葉で締めくくってよいでしょう。

精進落としを省略したり、宴に僧侶を呼ばないときは、通夜ぶるまいと同じように「御膳料」を包みます。

精進落としのあとで行うこと

◆その後の法要の確認を

精進落としのあとは、近親者でその後の法要（初七日・三十五日・四十九日）などの打ち合わせや確認もしておきます。

また、葬儀中の諸経費の精算や事務的な引き継ぎも精進落としのあとにすみやかに行います。

会葬者名簿、弔問客の名刺、香典、香典帳、供物・供花の記録帳、弔辞、弔電、現金出納帳、領収書、請求書などの書類を受け取り、トラブルにならないように確認しておきます。

■「心づけ」の目安となる参考費用

世話役	5,000円 ～ 10,000円
世話役代表	10,000円 ～ 20,000円
近所の手伝い人	2,000円 ～ 3,000円

葬儀に必要な費用は、葬儀社への支払い以外に、寺院等への支払いや香典返し、お世話になった人などへの「心づけ」等が加わります。

第2章

葬儀翌日から四十九日、埋葬と形見分けまで

- ●請求書はきちんと中身をチェックしよう
- ●基準がないので困りますが……
- ●これも気持の問題ですが……
- ●遺族の総意とリーダーシップの調和が大切
- ●中陰・忌中の過ごしかた
- ●日常的な「祈り」の場所として
- ●地域によって満中陰ともいいます
- ●ここまで済ませば一段落です
- ●神式およびキリスト教式

① 葬儀社への支払

請求書はきちんと中身をチェックしよう

葬儀が終わったら

◆ここからが大変です

葬儀が終わっても、するべきことは終わりません。まだまだ沢山あります。

当然ながら葬儀社への支払いと関係者へのご挨拶は忘れずに済ませなければなりませんし、むしろここからが大変です。

一般的に、会社の就業規則で両親の葬儀の場合に5日間とか7日間の忌引き（特別休暇）を認めているのは、これから解説する葬儀後の雑多な仕事のためといっても過言ではないかもしれません。

親族を亡くした悲しみの心情は心情として、要領よく、齟齬《そご》のないように進める必要があります。

そこで第2章では、葬儀直後から形見分け、墓地選びと埋葬までの流れを解説していきましょう。

現金、名簿の引き継ぎ

◆特に現金の引き継ぎに注意！

まず、葬儀が終わったあと、遺族は葬儀を中心になって執り行ってくれた世話役から、香典、会葬者の名簿、供物、供花、弔辞・弔電、領収書などを受け取ります。特に香典は、正確な合計金額を確認した上で引き継ぐことが肝心です。

時々あるケースですが、香典袋に書かれた金額と中身が一致しない場合、当日の受付担当者が迷ってしまい、結果的に個別金額と合計金額と

が一致しないまま引き継がれてしまうと、何が本当か最後までわからなくなります。

会社関係者、できれば経理担当者に会計係を依頼できれば安心ですが、そうはいかない場合も多々あるでしょうから、親戚または近しい友人など、信頼できる人に任せることが肝心ですし、現金の取扱いは慎重にしなければなりません。

一般的な香典の金額は別表のとおりですが、会社や団体などから頂戴する分を含めると、ごく大雑把な目安として、平均的には、会葬者一人につき1万円前後が見込まれます。即ち、会葬者100人で100万円、200人では200万円というところが平均といえるでしょう。

■香典の相場

●一般的に　5,000円
●勤務先の上司・同僚・部下・社員の家族　5,000円
●友人・知人・隣近所・友人、知人の家族・その他　5,000円
●取引先関係・祖父母・おじ、おば・親類　10,000円
●兄・弟・姉・妹　30,000円
●両親　100,000円

（三菱東京UFJ銀行調べ）

知ッ得コラム

死者は何処へいくか
❶仏教の考え方

仏教の考え方では、死者の行く先は「極楽浄土」です。したがって、葬儀とは、死者の霊を「この世」から「あの世」へと送り出す儀式であり、これを「引導」といいます。僧侶を指して「導師」というのはこのためです。

また、仏教では、肉体は滅びても、死者の霊は必ず生まれ変わり、「輪廻転生《りんね・てんしょう》」といって、別の生を生きるとされています。

葬儀社への支払い

◆相続税の課税対象から控除

葬儀後二～三日すると、葬儀社から明細書付きの請求書が届きます。料金については事前にとっていた見積書と照らし合わせ、不明な点は納得のいくまで確認してから支払うようにしましょう。

当初の見積もり金額と近似値なら問題はありませんが、万一大幅に異なっているようなら確認が必要です。

なお、葬儀費用は、相続税の課税対象から差し引きすることができますので、相続手続きが完了するまで、葬儀社の領収証は大切に保管しておきます。

また葬儀社への支払いと同時に、葬儀全般にわたって数日間お世話になった意味で心づけを包むこともありますが、心づけはあくまで任意のもので、しなければならないものではありません。

参考

東京都生活文化局が、平成13年に葬儀費用や葬儀についての意識や価値観について調査しています。

「葬儀にかかわる費用等調査報告書」

この調査は、葬儀社への依頼者側からは、葬儀社の選択理由や斎場の選択理由、葬儀の規模、不満点などを調査し、葬儀社側からは、祭壇などの品目についての最多価格帯や最高価格帯、最低価格帯を調査し、費用を中心に現状の葬儀の傾向を知ることができますので参考になります。

飲食代の支払い

◆通夜ぶるまいや精進落とし

通夜ぶるまいや精進落としの飲食代の支払いが済んでいないときも早めに済ませたいものです。気を遣ってなかなか請求して来ないお店もありますので、こちらから支払いに出向くのがよいでしょう。

通夜当日に既に現金で支払ってしまった分、請求書で後日支払うことにした分など、誰かがしっかり把握しておかないとわからなくなりますから気をつけてください。

葬儀社の斡旋で料理店から納入してもらっていれば、こうした気苦労はありません。

■葬儀費用の内容について

	① 接待費（料理仕出し）	② 葬儀懇志（寺院等お布施）	③ 葬儀代（葬儀社）
北海道	540,000円	510,000円	1,570,000円
東　北	570,000円	700,000円	1,040,000円
東　京	510,000円	1,010,000円	1,600,000円
北　陸	790,000円	420,000円	1,320,000円

■葬儀料別の構成費 100万円未満が5割以上の葬儀料金

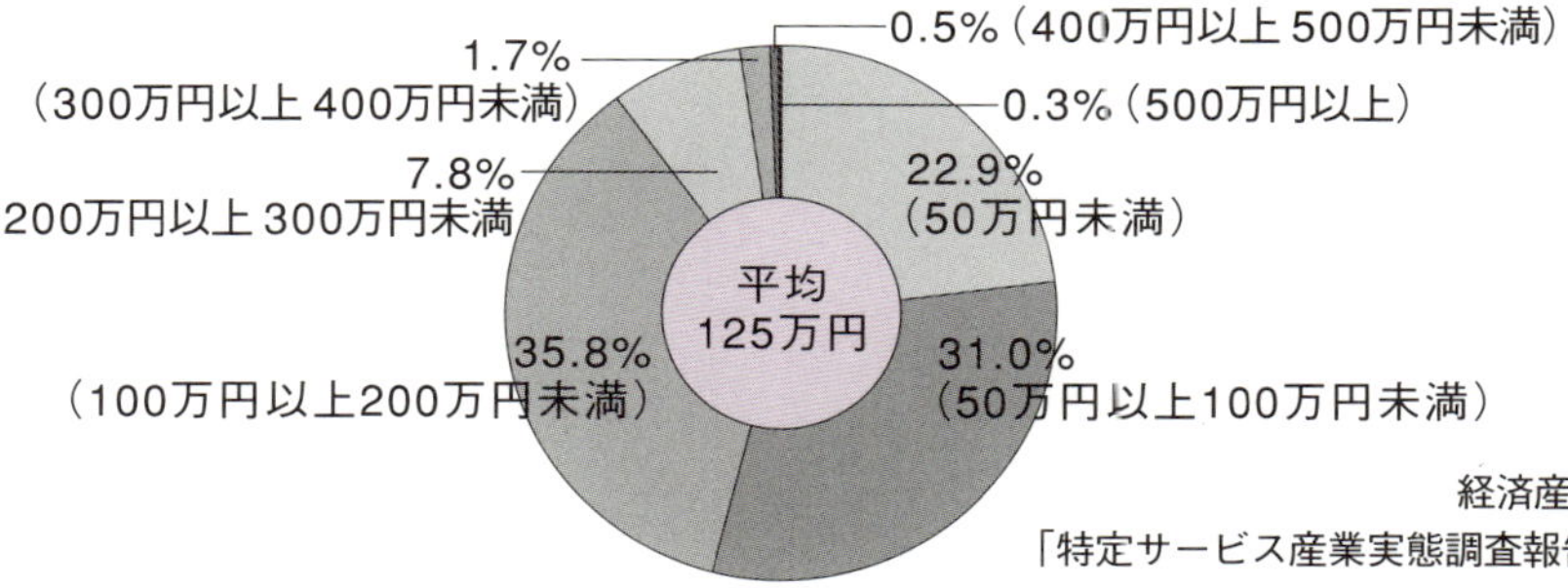

経済産業省
「特定サービス産業実態調査報告書」

知ッ得コラム

死者は何処へいくか ❷神道の考え方

神道《しんとう》では、人が亡くなると、その霊は「産土神《うぶすなかみ》」の森に向かうと考えます。

産土神の森は、集落に近い山上にあって、人々を見下ろす高い山の上から、家を見守る存在（守護神）となるのです。

また、産土神とは「氏神」のことであり、お正月に氏神様を詣でるのは、祖先に一年の無病息災を感謝する意味が込められているわけです。

② 寺院等への御礼

基準がないので困りますが……

寺院等への御礼

◆平均的には30～100万円

葬儀や法事のとき、迷ってしまうのが寺院への「お布施」の額。寺院からは「金額はお気持ちで」といわれることが多く、「一般的な金額はいくらくらい？」と悩む人も多いようです。

住んでいる地域や宗派、あるいは寺院の「格式」や葬儀の規模によっても差があり、一概にはいえませんが、あるアンケート調査によれば、21～40万円以内が28％と最も高く、次に101万円以上が20％、11～20万円以内が17％、61～100万円以内が14％、41～60万円以内が11％…と相当のバラツキがあります。

以上の金額には、自宅や寺院、斎場等での通夜・葬儀の際のお布施、火葬場でのお布施、火葬場から帰ってきての初七日法要のお布施も含まれています。

またお寺と檀家という関係であれば、支払いはある程度はこちら側の気持ちの問題となるでしょうし、そのお寺の慣例もあるでしょうから、一概にいくらといえない面もあります。

よく「葬式仏教」などと悪口をいう人がありますが、寺院を持たない僧侶で、通夜の直前に初めて会い、告別式が終わったら二度と会うこともない「頼まれ僧侶」のような場合は、当面のお布施の金額は抑えられますが、あとの供養のときに困ることになりますから、気をつけましょう。

■葬儀費用の最多価格帯の比較（1995/2001）

減少する1件当たりの葬儀費用

1995年

寺院への支払い 50.1	葬儀会社への支払い 189.4			
うち戒名料 33.1	祭壇 65.2	飲食代 53.6	式場使用料 22.8	その他 47.8

2001年

寺院への支払い 43.9	葬儀会社への支払い 175.2			
うち戒名料 24.5	祭壇 61.5	飲食代 40.2	式場使用料 19.1	その他 54.4

（単位/円　1,000円未満を四捨五入）　出所：東京都生活文化局

御礼の渡し方としては、仏式では一般に「お布施」、神式では「御祭祀料」など、キリスト教式は「御礼」または「献金」と白封筒に表書きします。

なお、寺院等への御礼に出向くときは、お金だけではなく、菓子折り等も持参しましょう。

知ッ得コラム

死者は何処へいくか ❸キリスト教の考え方

カトリックでは、死者の肉体は滅んでも、「天国」で復活します。キリストの復活がその由来です。

神様のもとで永遠の生命が与えられるのです。

したがって、葬儀では、故人の生前の罪を悔い改め、安息を得られるよう祈るわけです。

プロテスタントでは、死者を神の手に委ねるという考え方に立ちます。

③ 会葬者への御礼

これも気持の問題ですが…

会葬者等々への御礼と挨拶まわり

◆菓子折り程度は持参して

葬儀の翌日から初七日までに、喪主自らが出向き、お世話になった方々へお礼の挨拶に伺います。

最初に寺院（神社、教会）へ、それから故人が生前お世話になった勤務先など故人と関係の深い順にまわるのがよいでしょう。

もちろん、葬儀でお世話になった近所の方、町内会役員、世話役の方へも挨拶に伺いお礼を述べます。

挨拶のときには喪服が望ましいですが、地味な服装であればかまいませんし、菓子折り程度のものを持参するのもよいでしょう。

遠隔地などで訪問できない場合は、電話にてお礼を述べるようにしましょう。

また通夜や告別式に弔問に訪れた方へは通常は会葬礼状を渡していますので、改めて礼状を出す必要はありませんが、弔問にはみえず弔電や香典、供花・供物を送ってくれた方、葬儀時にお世話になった方々へは、礼状を出してお礼の気持ちを伝えるようにしましょう。

喪中はがき

◆年賀欠礼は十一月中に

喪中に新年を迎える場合、慶事を避ける意味から年賀状は出さず、代わりに年賀欠礼の挨拶状（喪中はがき）を郵送するのが一般的です。

年賀欠礼の挨拶状は、できれば十一月中、遅くとも十二月初旬には先方へ到着するように、早めに準備しておくようにしましょう。喪中に年賀状をいただいた場合は、松の内（一般的には一月七日）を過ぎてから寒中見舞いとして挨拶状を出すとよいでしょう。

最近は、印刷屋さんの店頭に見本がたくさん掲示されていますから、見本に準じて作れば間違いがありません。

ただし、最小限、誰が亡くなったのかは書き入れておく必要があります。

香典返し

◆2分の1が目安です

本来、香典は弔問客が故人の冥福を祈り、その象徴・対価として供えるもので、葬儀に伴う多額の出費に対する心づかい、相互扶助的な意味合いがあります。

このことからすれば、忌明けに弔問客に対し御礼の挨拶にお伺いするか、遠方であれば挨拶状をもって感謝の気持ちを伝えるもので、必ずしも品物でお返しする必要はありません。

しかし現在では、忌明けに遺族が「香典返し」を贈ることで感謝の気持ちを表すという習慣が一般に定着してきています。

忌明けとは、仏教ならば四十九日の法要後、神道ならば五十日祭を終えたあと、キリスト教では死後一ヶ月後の召天記念日を目安に、挨拶状を添えて香典返しを送るのが一般的です。

知ッ得コラム

❹ 死者は何処へいくか 無宗教の考え方

「無宗教」ですから、それぞれ考え方は「自由」です。

死というものを科学的物理的に考える人もあるでしょうし、既成宗教の形式にとらわれず、精神的自由度をもって死者を弔うこともできます。

決まりごとはないわけですから、自由に「自分らしさ」を優先する考え方といえるでしょう。

換言すれば、「何処へいくか」は、どのように考えることもできるわけです。

香典返しは、いただいた香典金額の2分の1〜3分の1程度が目安で、品物は、茶・菓子・のり・砂糖・タオル・寝具・せっけん・食器・商品券・カタログギフトなどさまざまですが、あくまでも喪家から先方へ伝える感謝の気持ちとして決定するようにしましょう。

時々、会社の代表者あてに、シーツとか毛布など、会社では到底使うことのない品物を贈る人がいますが、これなどは何も考えていない感じがして、むしろ失礼といえます。受取った方が困るような品物はいけません。

つまり、金額に応じた機械的な香典返しではなく、相手様の事情にふさわしい品物選びが大切だということです。

最近の大手葬儀社なら、デパートやギフト業者と提携し、香典返しの手配も取り扱っていますから、上手に利用すれば便利です。

香典返しを割愛するケース

◆ボランティア団体などへの寄付

時々、香典袋の中に「香典返し不要」と書いてある人がいます。

こういう人には、変に気を遣ってお返しをするとかえって失礼に当たります。お礼状だけ送るようにしましょう。

また勤務先等から複数の人たちから香典をいただくことがありますが、一般的にはこういう場合には香典返しは行いません。どうしても気持ちが済まないときは、挨拶状と一緒に、代表者あてに菓子折りなどを持参するか、または、送ればよいでしょう。

また、個別の香典返しの代わりに、会葬者からいただいた香典の一部をまとめて、たとえば、

○日本赤十字社に寄付する
○ユニセフに寄付する
○ボランテイア団体に寄付する
○ガン基金などに寄付する
○福祉団体などに寄付する
○研究所や大学など公的機関に寄付する
○町内会・同窓会などに寄付する

などということもあり得ます。

これらは当然ルールではありません。故人または遺族の自由意志によるものです。

このようなときには、その旨を挨拶状にしたため、あまねく会葬者に周知するのが礼儀です。

④ 形見分け

遺族の総意とリーダーシップの調和が大切

形見分け

◆高価なものは注意して

形見分けとは、故人の愛用していた品物を、故人の思い出とするために、親戚や友人、知人などのごく親しい人に贈ることをいいます。

昔なら愛用の着物とか帯とか、宝石や装飾品、あるいは蔵書なども該当したでしょうが、最近はあまり一般的ではなくなりました。ものの豊かな時代である所以かも知れません。

ただ、そうはいっても、縁ある方に何かを長く所持していて欲しいという気持ちは、遺族一般の気持ちとしては昔もいまも同じです。

ただし、貴金属や骨董品など高価なものは相続税の対象になりますし、贈与税にも関係しますから、注意が必要です。

（相続に関する解説は第5章を参照してください）

目上の人へは形見分けをしない

◆基本は目下に

そもそも形見分けは、親のものを子に、兄姉のものを弟妹や甥・姪、あるいは後輩にというのが本来の姿です。

したがって、故人より目上の人に形見分けをすることは失礼にあたります。ただし、目上の人でも、ご本人から希望があった場合は、分けてもかまいません。

また親族の中では、子のものを親が、弟妹のものを兄姉が分けてもかまいませんが、他の親族は故人より目上の人には控えます。これが基本です。

形見分けのタイミング

◆形見分けの時期

形見分けの時期については、特に決まりはありませんが、忌明け法要後に合わせて行なうのが一般的です。

法要を営んだあと、遺品を贈る人たちを自宅に招いて行うか、改めて先方へ持参します。

神道では、五十日祭あるいは三十日祭、キリスト教では一ヶ月目の召天記念日を目安に行うケースが多いようです。

その頃まではさまざまな葬儀後の整理が済んでいるという前提ですが、もっとあとでも、もちろんかまいません。

大切なことは、故人の思い出の縁《よすが》にするということですから、時期は問いません。

受け取る人の身になって品を選ぶ

◆押し付けは迷惑千万

形見分けは、故人と親交のあった人に、長く身近に置いて思い出の縁にしていただくために、遺品を贈るものですから、本当に喜んでくれる方に贈らなければ意味がありません。押し付けは先方に迷惑です。

先方の年齢、好み、交友のありかたなどを考えて、できるだけふさわしい品を贈るようにします。

したがって、あらかじめ先方の意向を確認してから贈ることが望ましいでしょう。

一般的には、故人が使っていた衣類、装身具、家具、身辺の小物類などで、衣類ならクリーニングに出して、小物類などは、ほこりや汚れなどきちんと手入れをしてから贈ります。ひどく傷んだものや汚れたりしているものは、先方から強い希望がない限り、贈るのを避けたほうがよいでしょう。

形見分けの品でも高価な場合には、相続財産とみなされて課税対象になってしまいますので、美術品や装身具など高価な品を形見分けする場合は、贈る相手の負担にならないよう気をつけましょう。

なお、形見分けは、あくまで身内

の行事ですから、正式な包装や水引などは必要ありません。むきだしで贈るのが失礼な場合は、上品な白紙（奉書紙）に包む程度の簡単な包装にし、「遺品」「偲び草」などと表書きして渡します。

団体や施設に寄付

◆故人が集めた蔵書や資料

故人が集めた蔵書や資料がある場合は、同じ趣味や研究を行っている友人、知人などにたいへん喜ばれることがありますし、その質や量によっては研究機関や大学、あるいは各種団体などに寄贈することも考えられます。

まだ十分に着ることができる衣類がたくさんある場合は、市区町村の社会福祉事務所や福祉課に連絡をして、衣類などを必要としている施設を紹介してもらい、寄付するとよいでしょう。

最近では、発展途上国に衣類を送るNPO法人の活動も注目されていますが、こうした活動に協力するのも一方法です。実際、かなりの古着でも、こうした国々ではおおいに喜ばれるといいます。

なお、遺族から形見分けの申し出があった場合には、特別に理由がない限り、遠慮せずに素直に受けるようにしましょう。

また、形見分けに対する返礼は、たとえ高価な品であっても、特に必要ありません。お礼状程度でよいでしょう。

知ッ得コラム

位牌《いはい》

位牌とは、死者の俗名や戒名、死亡年月日などを記した木の札のことをいいます。いってしまえば単に「木の札」ではありますが、普通はお仏壇に安置して、日常的に拝むことになりますから、「死者の霊」を祀るシンボルともいえます。

葬儀時点では「白木の位牌」を取り急ぎ用意しますが、忌明け法要までに正式な位牌と入れ替えます。

紫檀《したん》・黒檀《こくたん》などの高級品から、杉やヒノキで出来た一般品まで、材質の種類はさまざまです。

遺族の総意とリーダーシップの調和

ここで二つの留意点について述べておきましょう。

①遺族の総意をまとめること……

「総意」のとりまとめは、昔なら喪主というより長男の役割でした。特に故人の遺志をどう反映し、どのように生かして対応するかは、「家を継ぐ人」の主要任務といえたでしょう。葬儀社への支払いにせよ香典返しにせよ、あるいは葬儀後の挨拶にせよ、長男が前に出て対応することは、少し前までは普通のことでした。

しかしながら近年は少し事情が異なります。少子高齢化傾向が顕著になり、一人っ子家族が増えてきたからです。

ただ、一人っ子だからといって、なんでも一人で決めてよいかといえば、そうではありません。

故人の弟、兄、妹、姉などとはきちんとコミュニケーションがないと、あとあとのトラブルの原因にもなりますから、気をつけましょう。遺族の「総意」とはそういう意味、親戚づき合いとはそういう意味です。

②リーダーシップ

他方、誰かがリーダーシップを発揮しないと、こうした件は、まとまる話もまとまりません。それもまた事実です。

まして、いま正に悲しみの渦中にいる人々の中で、一人冷静な、または現実的な話をしても通じないことも多いでしょうし、葬儀だけでなく遺産相続の話や、その他今後の方針については、さまざまな思惑や疑念や目算が働くこともあり得ます。

これら利害関係者の間をうまく調整し、まとめていくには、ある種のリーダーシップが求められます。「とにかく長男だから」というわけにはいかないでしょう。

以上の「総意をまとめること」と、「リーダーシップ」とは、一見矛盾することのようですが、「両者の両立」がどうしても必要な場面はあるでしょう。

⑤ 中陰・忌中

中陰・忌中の過ごしかた

忌明け

◆四十九日までは中陰

仏教では、一般に四十九日の忌明け法要の日までを中陰《ちゅういん》または中有《ちゅうう》と呼びます。「満中陰」といえば、中陰が満ちたとき、すなわち忌明けのことを指します。この期間は生から死への中間の位置にあるとされ、死者の魂はこの間は「迷っている」状態にあります。したがって、遺族はこの期間、結婚式などのお祝いごとへの出席は避けるようにします。すなわち服喪期間です。

仏教では、この期間に営まれる法要を忌中法要といい、初七日から始まって七七日《なななのか》（四十九日）で忌明けとなるまで、基本的には七日おきに行います。

中陰の間、亡くなった人は次の世に生まれ変わるまでの中途半端な時期に当たるわけで、四十九日を経過してやっと死後の行き場所が決まるとされているのです。

そこで遺族は、七日の間隔を置いて死者の成仏を祈り、供養をして過ごします。

しかし現在では、四十九日の忌明け法要までの途中の法要は省略されることが多く、また、初七日法要も葬儀当日の火葬後にそのまま引続いて行うことが通例になってきました。

地方によっては、伝統的に昔のやりかたを守っていることも多いでしょうが、都会では、何かと多忙な今日的解釈が行われています。

また、一方では、たとえば一月に亡くなった方がある場合でも、翌年の年賀を欠礼してその年の十一月には「喪中ハガキ」を出すわけですから、その年一ヶ年を「喪中」期間として過ごす結果となります。それを考えると、ここでは少し矛盾を感じないでもありません。

しかし、いずれにせよ、死者を弔う遺族の想いは、葬儀・告別式がとどこおりなく済めばそれで区切りがつくというものではありません。

一定の時間が必要であることは、仏教に限りませんから、「服喪期間」には意義があるといえましょう。

なお、「忌中」といい「喪中」ともいいますが意味するところは同じです。

ともかくも、忌明けまでの日々は、心静かに死者を弔い「喪に服する」期間です。

知ッ得コラム

出家《しゅっけ》

「家を出て」仏門に入ることを指します。すなわち、俗世間から仏道修行の道に進むことを出家というわけです。

また、「出家得度《しゅっけとくど》」といえば、お寺に入って正式な僧侶・尼となることをいいます。これを「僧籍に入る」ともいいます。

また、アタマを丸めることは「剃髪《ていはつ》」といいます。

⑥
位牌とお仏壇

日常的な「祈り」の場所として

位牌

◆位牌《いはい》は死者の祭祀

位牌は、死者の祭祀のため、死者の戒名などを記した木の板をいいますが、葬儀のときには「白木位牌」を使い、仏壇には「本位牌」と呼ばれる漆塗りの位牌が使われます。

「白木位牌」はその名のとおり白木で何の塗料も使っていません。この白木位牌は四十九日で処分することになります。四十九日法要で忌明けとなり、白木位牌から漆塗りの本位牌を仏壇に納めることになります。

本位牌は夫婦連名にすることも少なくありませんし、先祖代々の位牌として一つの位牌に数名分をまとめることもあります。

本位牌を作るのに、仏壇店によっても異なりますが、注文してから手元に届くまで十日程かかりますので、四十九日法要ギリギリにならないように、時間に余裕を持って準備を始めましょう。

なお、位牌の体裁は、宗派によって若干の相違がありますから注意してください。

法要後、位牌は亡くなった方の霊をお祀りする象徴として仏壇に安置されます。表面には戒名、没年月日、裏面には俗名（生前の名前）、享年等を書きます。

なお、浄土真宗の場合はその教義から位牌を作りませんので、法名軸か過去帳に法名や没年月日等を記入します。

お仏壇

◆日常的な祈りの場所

一般家庭のお仏壇は、仏を祀る厨子であり、その家族の死者を祭る祭壇でもあります。

お仏壇の内部は、仏教各宗派の本山寺院の仏堂を模した造りになっていて、仏像や位牌を納めます。お仏壇は、あまり難しく考えるのではなく、毎日の生活の中で親しんでこそ意義があるものです。

毎日「おはようございます」、「今日も一日ありがとうございました」と、ご本尊やご先祖のご加護によって生かされている喜び、感謝の気持ちを捧げる心安らかな場所、これがお仏壇なのです。

お仏壇が身近にあれば、素直な気持ちで合掌礼拝ができますし、初めは形式的であったとしても、毎日手を合わせているうちに心から感謝の念が芽生え、思いやりや敬いの気持ちが自然と身に付いてくるものです。

お仏壇の購入時期

◆思い立ったときが時期

お仏壇を購入するのに、よい時期とか悪い時期とかはありません。不幸があった場合は、四十九日の法要までに購入するのがよいでしょう。もちろんそのあとでもかまいません。

それ以外は、お盆、お彼岸、年回忌、家の新築などを機縁として購入する方が多いようです。

家庭で毎日お仏壇にお参りをしていれば、家族にも自然と仏様やご先祖への敬いの心が生まれてきて、感謝やおもいやりの心が育つようになります。そういったお仏壇のある日常を！　と思ったときが、よい購入時期だといえます。

お仏壇の安置場所

◆特別なきまりはありません

お仏壇を置く向きは、仏教ではどの方角にも仏様はいらっしゃいますので、どの方向でもかまいませんが、一般的には真北を向く北向きは避けて置く方が多いようです。

置く場所は仏間があれば一番よいのですが、床の間や押入れの上部、整理タンスの上、また居間のサイドボードなどの上に置いてもかまいません。

直射日光の当たる場所、湿気の多いところ、冷暖房の風が直接当たる場所は避け、日々の礼拝に便利な位置にお仏壇を安置するのがよいでしょう。

お仏壇を購入したとき…開眼供養

◆開眼供養は必須です

お仏壇を購入したら、お寺様に開眼供養（法要）の読経をお願いします。これをすることによって初めてご本尊や位牌が礼拝の対象になり、仏壇も単なる箱から仏壇になります。

お寺様に来ていただくのが困難な場合は、新しいご本尊や位牌を持参して魂入れをしていただき、持ち帰ってお仏壇に安置します。

お仏壇のお参り作法

◆細かい作法よりも心

宗派によって細かい作法は違いますが、まず心をこめて手を合わせること、大切なのは心です。

・お仏壇は仏様に帰依し、ご先祖に報恩感謝する所ですから、常にきれいにしておくよう心がけましょう。
・お仏壇の扉は、普段はあけたままにしておきます。
・毎朝お茶もしくは水をお供えし、ご飯は炊いたときに炊き立てをお供えします。
・お花は枯れないようにこまめに水を取り替えるようにします。
・お菓子や果物は高月や小皿に盛ってお供えします。

知ッ得コラム

一本線香

よく、お線香を二本立ててお参りする方がありますが、本来は「一本線香」といい、立てるお線香は一本でよしとされています。

これは旅立つ浄土への一筋の道を表現しているともいいます。

あまり拘ることもないかもしれませんが、お年寄りなど気にされる方もあるかも知れませんから注意しましょう。

・いただき物やお土産はまずお仏壇にお供えし、「お下がり」を仏様と共にいただきます。

日常のお参りの手順

①お仏壇の前に座る（もしくは立つ）
②ローソク立てにローソクを立て、火をつける
③お線香に火をつける
④香炉にお線香を立てる（浄土真宗は折って横に寝かす）
⑤りんを二回打つ
⑥手のひらを合わせ胸の前で合掌、頭を下げて礼拝
⑦できれば、宗派のお経を唱えるとよいでしょう。

お参りする習慣こそ大切です

◆感謝の気持ちを大切に

仏教においては、生きている毎日こそが大切なのであって、その間に悔いのない努力を精いっぱいすることと教えています。ご先祖を供養することも大切なことではありますが、もっと大切なことは、自分が、縁あって出会う人々に対して、仏様のように本当にやさしく接することができるかどうかです。

その勇気を与えてくださるのがご本尊でありご先祖なのですから、お仏壇に向かうときは、感謝の気持ちを持って「どうぞ今日一日見守っていてください」とお願いするのが、日常のお参りの重要な心がけです。

これは仏教の教えですが、基本的な姿勢という意味では、キリスト教も同様と考えて差し支えありません。

知ッ得コラム

鬼籍《きせき》

「鬼籍」とは、閻魔様の持つ帳面のこと。つまり閻魔様が記す死者の記録ノートのことです。

したがって、「鬼籍に入る」といえば、死者のリストに掲載され、「この世」から「あの世」の人になることを意味するわけです。

別な言い方では、「閻魔帳《えんま》」ともいうことがあります。

⑦ 四十九日法要

地域によって満中陰ともいいます

四十九日法要（忌明け法要）

◆葬儀後、最も重要な法要

葬儀後、最も重要な法要になるのが「満中陰《まんちゅういん》」ともいわれる四十九日の法要です。この日を期に忌明けとなり、家に安置していた遺骨は埋葬、または納骨します。

位牌は白木から本位牌に改めて「入魂供養」をして仏壇に納めます。

仏教では、死後四十九日間は、霊はあの世でもこの世でもない世界にただよっていて、「三十五日」に閻魔王に、「四十九日」には泰山王に最後の審判を受け、極楽往生できるか地獄へ落ちるかが決まるとされています。

四十九日法要の準備

❶日時・招待者の決定

法要の日時はお寺様や親戚と相談して早めに決めます。

忌明け法要は、命日から四十九日目が理想ですが、最近ではその日が平日の場合は参列者の都合を考え、四十九日目の直前の土曜や日曜にずらして営むことが多いようです。

しかし、四十九日目を過ぎた土曜・日曜は不可です。

日時が決まったら、招待する人を決めます。

招待する人の決まりは特にありませんが、親戚一同の他、故人の親友・旧友も何人かはお招きしたいものです。

❷会場の決定

会場は自宅、菩提寺の他、葬儀会館やホテルを利用します。

菩提寺の場合はお寺様の都合を、会館などの場合には予約状況を確認します。

❸法要の案内状の発送

日時と場所が決まったら、一ヶ月前をめどに案内状を発送します。封書で、案内状と返信用ハガキを同封し出欠の確認をとります。

会場までの案内図も入れます。

❹お寺様との打ち合わせ

お寺様との打ち合わせでは、お寺様の人数と送迎方法を決めておきます。

❺法要後の会食の出欠

❻読経御礼（お布施）の額などを決めておきます。

お布施は水引きのない不祝儀袋を用意し、表書きは「御布施」とし、その下に施主（法要の主催者）の姓名を書きます。

また送迎を行わない場合には別に「御車代」を、会席に列席しない場合は「御膳料」を法要当日に準備しておきます。

❼会席の予約

法要が済んだあと、お寺様と招待者をもてなす席を設けますので、その会場を探して予約をします。

出欠のハガキが届き人数が確定したら、料理の手配・予約を行います。法事が終わる時間、移動時間を考えて予約をするようにしましょう。

❽引き出物の手配

参列者へのお礼の引き出物を準備します。

四十九日では、香典返しとは別に引き出物を用意し参列者に渡します。3,000円～5,000円ぐらいが一般的なようです。

表書きは黒白、双銀の結び切りで、「粗供養」「志」「満中陰志」などとします。デパートやギフト屋さんに法事用と頼めば、あらかじめ印刷された用紙で包んでくれます。

❾本位牌

また、法要のあとお仏壇に納める本位牌はこの四十九日法要までに用意しておきます。

お墓も四十九日法要までに用意すれば、忌明けと同時にお骨を納められますので、最善の供養となるでしょう。

かといってお墓は「永遠のすみか」ですから、くれぐれも慎重に納得のいくまで検討すべきで、四十九日法要までにどうしても必要だというものではありません。

四十九日法要の当日

◆お寺様と事前に打ち合わせを

法要は葬儀と違い、進め方に明確な決まりはありませんが、一般的には、参列者全員が会場に集合し、お寺様の読経、参列者全員の焼香、お寺様による法話、の流れで行います。

お寺様との事前打ち合わせをしっかり行っておけば安心でしょう。

お墓で納骨する場合

◆石材屋さんに依頼して

お寺様の法話が終わったら、納骨のためお墓へ一同で行きます。

石材屋さんが遺骨をお墓に納めてくれますので、お花を供えて水をかけてお参りをします。

会席

◆一般的には日本料理で…

法要の後は、お寺様や参列者をもてなす会席を設けます。

席順は、お寺様を上座に、親戚や故人と親しかった友人の順に並び、施主や近親者は下座（末席）に座ります。

施主は、会食の前に、法要に列席してもらったお礼の挨拶をし、終わりがけにお寺様にお布施を、参列者に用意した引き出物を持ち帰っていただきます。

お料理は、一般的には懐石（日本料理）ですが、故人の生前の趣味・志向から考えて決めれば、洋風料理でも差し支えはありません。ただし、お寺様の事前の了解は取っておくべきでしょう。

会席後、家に帰ったら、魂の入ったお位牌を仏壇に安置してお参りをしましょう。

⑧ 埋葬と納骨

ここまで済ませば一段落です

埋葬と納骨

◆その相違について

葬儀後、自宅に安置されていた遺骨をお墓に埋葬するのは、四十九日法要のあとに行うのが一般的です。これを「納骨式」といいます。

厳密にいえば、お寺や霊園の納骨堂に遺骨を納めることを「納骨」といい、お墓に遺骨を納めることを「埋葬」といいます。

ちなみに「埋葬」には「火葬許可証」に火葬証明印が押された「埋葬許可証」が必要です。勝手に埋葬することはできませんから注意してください。

すでにお墓がある場合は、石材屋さんなどに頼んで遺骨を納め、四十九日法要が終わったあと、住職にお墓でお経をあげてもらいます。

墓地のない場合は、一時的にお寺や霊園の納骨堂に預けるか、公営の納骨堂などに「永代納骨」として預かってもらいます。

墓地の選び方

◆永遠のすみか

いったん墓地を選べば、将来そこへ家族が何度もお墓参りに来ることを想定して、さまざまな角度から検討したうえで墓地を決めることが大切です。

そして墓地は、生前の住居よりもはるかに永く住む「永遠のすみか」ですから、慎重に自分の目で納得のいくまで墓地選びをしましょう。

本来なら公営墓地が最も適当ですが、近年はどの地方自治体もお墓不足といわれています。機会があればどこかの時点であらかじめ確保しておきたいものです。

自宅との距離

◆墓地は独断で決めないこと

墓地はご先祖を大切にして家族全員でお参りをする所です。墓地の場所は、自宅から近すぎず、遠すぎずというような位置にあるのが最もよいといわれています。

墓地の場所が遠いとお参りをするのが困難になったり、また、近すぎるといつでもお参りに行けるという気持ちになり、お参りに行かなくなるからだそうです。

半日程度の時間で、お参りに行って帰ってこられる場所が最良と思われます。

具体的には、一族の年長者や常識人、または身近にいる墓地購入の経験者に聞いてみるのが有益ですし、葬儀でお世話になった葬儀社のスタッフに相談するのもよいでしょう。

立地状況

立地条件は次のような点に留意しましょう。

○雰囲気が聖地にふさわしいか
○広さはどうか
○湿地帯でないか
○日当たり、緑の多さはどうか
○急な傾斜地でないか、土砂崩れはないか
○水はけや排水設備の状況はどうか

等々がチェックポイントです。

また、交通手段（高齢者への負担・車での利便性・食事場所・子供連れではどうか）、休憩所・ベンチ・トイレ・通路・売店・駐車場・ごみ捨て場・参道などの付帯設備の手入れと掃除などの管理状況はどうかを自分の目で確認しましょう。

なお、最近では、墓地式（土地）でなくロッカー式や団地式（マンション式）も出現しており、墓地の形態はさまざまです。

なお、「お墓に関する基礎知識」については、第6章で改めて解説することにしますのでご参照ください。

運営主体の信頼性

墓地には、①役所（市営等）が運営している墓地・霊園、②寺院が運営している墓地、③公益法人等が主となって運営している墓地、の三種類があります。

墓地は永続して運営・管理していかなければならないわけですが、運営主体によっては将来資金が足りなくなって、充分な管理がなされない可能性もあります。

運営主体が将来にわたって十分に信頼できるのかどうかしっかり確かめるべきでしょう。

永代使用料

墓地は、土地を購入するのではなく、お墓となる土地を使用する永代使用権を取得する契約を墓地の経営主体との間で結ぶことになります。

この永代使用権は、所有するわけではないので売買はできませんし、権利を返還しても永代使用料は戻りません。

永代使用料が安いと思って契約したらお布施が高かった、ということもありますので、安い永代使用料だけを基準に決めないようにしましょう。

お墓の形式いろいろ

◎家族墓

日本で一番多く見られるお墓です。一般的なお墓で、納骨の際には法名・戒名・俗名・没年などを法名碑・戒名碑に記載していきます。

◎個人墓

個人だけを祀るお墓、生前の趣味・功績などを記します。

最近では生前にオリジナルの墓石

の形にしたりする方が多いようですが、後々ご家族も一緒に入る場合もあるようです。

◎夫婦墓

二人だけを祀るお墓です。子供がいない場合などに建てられます。しかし個人墓と同じで、ご家族がいる場合などは後々一緒に入る場合も多いようです。

◎両家墓

両家墓は二つの家の遺骨を一ヶ所のお墓に祀り、両家の姓（苗字）を石塔または花立などに刻みます。

◎永代供養塔（墓）

お墓は要らない、受け継ぐ人がいないなど、理由はさまざまで、複数の人を一緒に祀るお墓です。

◎共同墓（合葬墓地）

信仰を共にする人たちを祀ったお墓です。

知ッ得コラム

満中陰《まんちゅういん》

仏教でいういわゆる四十九日のこと。即ち「中陰」明けのことを指します。

「中陰」とは、生者が亡くなり次の生を得るまでの間。簡単にいえば「成仏する前」です。「中有《ちゅうう》」ともいいます。

『十王経』によれば、七日ごとに裁判を受け、どこに輪廻するかが定まるまで、死者の魂は迷っているとされますから、満中陰となったとき、死者追善の最大の法要を営むわけです。

また、一般にこのタイミングで「香典返し」を送ります。

⑨ 仏教以外の葬儀後

神式およびキリスト教式

神式

神道では「霊前祭」または「霊祭」といい、翌日祭・十日祭・二十日祭・三十日祭・四十日祭・五十日祭と続き、五十日祭が忌明けの儀式になります。

神道では火葬のあと、すぐに埋葬する習わしがありましたが、現在では五十日祭までに遺骨をお墓に納める納骨を行います。

納骨は、一般に十日祭から五十日祭までの十日目ごとの中からよい日を選びます。

霊祭の基本ルールについては、127頁以降を参照してください。

キリスト教式

キリスト教では、本来は土葬が原則でしたが、日本では土葬を禁じられている地域が多く、特に都市部の場合火葬がほとんどです。

火葬後、七日目または翌月の召天記念日、その他よい日を選んで遺骨をお墓に納める納骨を行います。

カトリックでは神父、プロテスタントにおいては牧師がリードして聖書の一節を読み、供花と供に参列者が聖歌を合唱する中で遺骨をお墓に納めます。

第3章

諸官庁への各種届出と生命保険の請求など

- ●どうしよう？　故人名義の銀行口座が凍結した！
- ●一家の大黒柱が亡くなった！今後の生活どうしよう？
- ●死亡から14日以内に実行すべきこと
- ●申告しないともらえない！
- ●入院・手術をしたときは忘れずに！
- ●14日以内にしなければいけない！
- ●税務署でしなければならないこと
- ●10万円以上の医療費は一部が還ってくる！
- ●請求しなければ決してもらえない！
- ●案外ウッカリ忘れる手続きです！

① 生活費の確保①

どうしよう？ 故人名義の銀行口座が凍結した！

預貯金口座の凍結

◆当面の費用をどうするか

人が死亡すると、真っ先に困ることは「お金」です。

金融機関は死亡がわかった時点で死亡者名義の預貯金口座を凍結しますから、当座のお金をどうするか、あらかじめ見込みを立てておかなければなりません。

死亡者名義の預貯金は、死亡時点より、法的には〝遺産〟相続財産となりますから、遺産保全のためには、止むを得ない措置といえます。

この凍結は、遺族による遺産分割協議を終え、遺産分割が確定するまで続きます。

したがって、「自分の葬式代くらいは自分の貯金で」といって故人が残したお金でも、そのままストレートにそのお金をお葬式費用に充てることは、事実上不可能です。

遺産分割協議

◆遺産分割協議とは

遺産分割協議とは、どの遺産を誰がどれだけ取得するのかを、遺族間で話し合うことです。

そして、それらを明確に文書にしたものを「遺産分割協議書」といい、協議内容と相続人全員の署名、実印での押印が必要です。（書式は特に定められていません。自由です。）

預貯金口座の解約や名義変更、相続した不動産の名義変更をする際な

どにはどうしても必要になる書類といえます。

これらの詳しい説明はこのあとの第5章を参照してください。

葬儀費用などは引き出せる！

◆口座凍結中でも例外はある

口座凍結中は引き出し、入金、送金はもちろん、自動引き落としされている各種の公共料金も引き落とせなくなります。

したがって、預貯金が引き出せなくなると、葬儀費用、病院への支払い、それから当面の生活費にも困ってしまうかも知れません。承知しておきたい知識です。

ただし、遺産分割協議が確定するまで待てないという場合には、金融機関にその旨を申し出ると、通常なら150万円を限度に引き出すことができます。

この場合の手続きは遺族の代表者が行い、以下のような書類が必要になります。（各金融機関によって若干異なるので窓口でご確認ください）

①故人の除籍謄本or戸籍謄本（法定相続人の範囲がわかるもの）
②戸籍謄本（法定相続人全員分）
③印鑑証明書（法定相続人全員分）
④故人の実印
⑤故人の預金通帳、届出印、キャッシュカード
⑥身分証明書（手続きする人の）

なお、法定相続人とは、配偶者・子・故人の親・故人の兄弟・姉妹など、民法で定められています。

使途を明確に！

◆この時点での預貯金は共有財産

この時点での預貯金は相続人全員の共有財産ですから、使途不明があると後々トラブルの種になりかねません。注意が必要です。

引き出した現金の使途は、見積書、請求書、領収書などで、領収書がないものは日付・支払先などのメモで明確にわかるようにしておきましょう。後日のために大切な注意点です。

また、口座が凍結されておらず引き出すことができた場合や、死亡直前に引き出した現金についても、同様に使途をハッキリ明確にしておきましょう。

② 生活費の確保②

一家の大黒柱が亡くなった！今後の生活どうしよう？

生命保険

◆請求手続きは早目に

個人で加入している生命保険（共済）・郵便局の簡易保険などは、支払いの請求手続きをしない限り受け取ることができません。

公的医療保険、公的年金、労災保険、賠償金などの受け取りとは関係なく支払われますので、早めに各社各窓口へ連絡し手続きをしましょう。

早めに手続きすれば当然ですが支給も早くなります。

業務中の事故

◆会社とよく相談して

業務中や通勤途中での事故などで死亡した場合は、労災保険が適用され、遺族年金、遺族補償一時金、葬祭料などがもらえます。

手続き窓口は、勤務先の所轄の労働基準監督署ですが、申請手続きそのものは勤務先の総務部で代行してくれるのが一般的です。

また勤務する会社によっては、労災事故の際に会社独自の支給規定がある場合もありますので、勤務先の総務部によく相談しましょう。大切なことですから、遠慮は不要です。

交通事故

◆専門家との相談は不可欠

交通事故などで死亡した場合は、加害者側へ損害賠償金を請求することになり、相手側との交渉次第によっては相当時間がかかることもあります。

賠償金の算出、加害者側との交渉など専門的な知識が必要になりますので、場合によっては弁護士に相談・依頼することも必要です。

公的医療保険

◆窓口担当者との確認が大切

公的医療保険では、埋葬費の請求、高額療養費の還付請求、公的年金では遺族年金の請求などがあります。

加入していた制度・種類によって手続き窓口が違います。故人が加入していた健康保険や年金の種類を普段からしっかり把握しておきましょう。

特に年金支給について窓口で渡される説明文は、細かな法律によっていますから、内容がわかりにくく、「何がどうなっているのかサッパリ分からない」ということもあるかもしれません。

しかし、遺族年金は遺された人々のこれからの生活の支えとなるものです。窓口担当者にわかるまで聞いて確実に手続きするようにしましょう。

知ッ得コラム

保険料と保険金

加入者が保険会社に毎月納めるお金が「保険料」、万一のときに保険会社から給付されるお金が「保険金」です。たった一文字の相違ですが、意味がまったく異なりますから、この際は正しく理解しておきましょう。

なお、余談ですが、会社から受取るお給料の総額が「収入」で、必要経費などを差し引いた金額のことを「所得」といいます。意味は同じではありません。

葬儀に関わる伝統・習慣に限らず、「しきたり」は難しいものですが、日本語もまた難しいですね。

③ 戸籍と住民票の届出

死亡から14日以内に実行すべきこと

死亡から14日以内に

◆市区町村役場の手続き

死亡から14日以内に、故人の住所地を管轄する市区町村役場で〈死亡届〉の手続きをします。

世帯主が亡くなった場合は、世帯主変更の手続きも同時にしましょう。手続きはそれほど難しくありません。市区町村役場できちんと教えてくれます。

なお、故人が健康保険に加入していて、遺族がその扶養家族（被扶養者）だった場合には、遺族は改めて国民健康保険に加入する必要があります。したがって、これも同時に済ませてしまいましょう。

これらは14日以内に実行しなければなりませんから、何かと慌しいなか、結構大変です。

昔なら兄弟が大勢いましたし、こんなとき頼りになる叔父さん、叔母さん、あるいは博学な一族の長老的存在がいてくれたものですが、核家族化が進行した今日では、何から何まで「ひとりで」済ませなければならない場合も増えているようです。

これらの手続き一切を安心できる専門家などにお願いして、代行してもらうことも可能ですが、一定の費用はかかります。

④ 健康保険の埋葬料請求

申告しないともらえない！

葬祭料の申請

◆申請は2年以内に

葬儀を行った人は、健康保険から費用の補助として葬祭費（埋葬料）を受け取ることができます。

ただし、注意しないといけない点、それは、申請しないと受け取ることができないということです。

亡くなった日から2年以内に申請しなければ権利がなくなりますので早めに手続きしましょう。

また、加入している健康保険、国民健康保険かそれ以外かによって手続き窓口が違います。

国民健康保険の場合

◆市区町村役場で

国民健康保険の加入者本人（被保険者）や扶養家族が亡くなった場合に、3万円～7万円程度を葬祭費として受け取れます。

葬祭の給付額はそれぞれの市町村によって異なります。

手続き申請窓口は市区町村役場の国民健康保険課で、葬祭費の支給額とその支払い方法は、市区町村の条例によって定められています。

給付金は申請してから2～3週間後に支払われます。

健康保険（国民健康保険以外の医療保険）の場合

◆社会保険事務所で

健康保険加入者本人が亡くなった場合に、一定金額を埋葬費として受け取れます。

受け取れる金額は以下のとおりです。

埋葬料…一律5万円（平成18年10月改正）

埋葬費…埋葬料の額の範囲内で埋葬に要した費用

手続き申請窓口は勤務先の健康保険組合または所轄の社会保険事務所ですが、勤務先にて手続きしてもらうのが一般的です。

埋葬費を受けとるのは、死亡した人（被保険者）によって生計を維持されていた人で、埋葬を行った人、という規定があります。

この場合、生計の一部でも維持されていればよく、非扶養者である必要はありません。

生計を維持されていた人がいない場合には、実際に埋葬を行った人に埋葬費が支給されます。

＊　＊　＊

なお、右記は平成20年3月現在のデータによります。制度や金額は都度改正されますから注意してください。

知ッ得コラム

埋葬費と埋葬料

先に「保険金と保険料」の相違についてご紹介しましたが、同様に一文字違いの「埋葬費と埋葬料」についても、簡単に解説しておきましょう。

故人が健康保険の被保険者であった場合。その被保険者と生計維持関係にあった人は、「埋葬料」が受けられます。そして「埋葬料」を受ける人がなく、事業主や友人等が埋葬をしたときは、その人に支給されるものを「埋葬費」といいます。

国民健康保健の場合では、故人が被保険者であった場合に、葬祭を行った人は「葬祭費」が受けられます。

⑤ 高額療養費の還付請求

入院・手術をしたときは忘れずに！

公的医療保険

◆高額療養費の請求

公的医療保険の「高額療養費」は、入院や手術で多額の医療費がかかったときに、１ヶ月間の自己負担額が一定額を超えると、超えた分が戻ってくるという制度です。

健康保険に加入している人なら誰でも対象になります。

医療費を支払った２～３ヶ月後に、対象者へ「高額療養費の払い戻しのお知らせ」が送られてきます。（３ヶ月過ぎても通知がない場合は、窓口へ問い合わせましょう）

還付請求の窓口は、国民健康保険は市区町村役場、健康保険は勤務先か加入している健康保険組合の事務所です。

高額療養費制度の自己負担限度額は、所得に応じて決められています。

被保険者、被扶養者共に１人１ヶ月の自己負担限度額は所得に応じて、次の計算式により算出されます。

70歳未満の方

◆所得により異なる

ア 低所得者（生活保護の被保護者や市町村民税非課税世帯などの方）……35，400円

イ 上位所得者（健康保険では標準報酬月額が53万円以上の被保険者及びその被扶養者）

国民健康保険では「国民健康

保険の課税標準（同世帯の国保加入者全員の所得合計）が600万円を超える世帯」
……150,000円＋（医療費−500,000円）×1％

ウ 一般（ア、イに該当しない方）
……8,000円＋（医療費−267,000円）×1％

70歳以上の高齢受給者

◆低所得者のケース

ア 低所得者Ⅱ（市町村民税非課税世帯などの方）……24,600円

イ 低所得者Ⅰ（市町村民税非課税世帯などの方でかつ所得が一定基準に満たない方）
……15,000円

ウ 現役並み所得者
……80,100円＋（医療費−267,000円）×1％

エ 一般（ア、イ、ウに該当しない方）
……44,400円

高額療養費の計算例

◆会社員40歳のケース

会社員40歳　健康保険3割自己負担　所得区分：一般

下表のとおりです。

＊　＊　＊

なお、右記は平成20年3月現在のデータによります。

■計算例

病院に入院し、1ヶ月で100万円（保険診療分）の医療費がかかった場合	
病院に支払った金額 30万円	100万円（医療費）×30％（健康保険3割自己負担）
自己負担額 87,430円	80,100円＋（医療費100万円−267,000円）×1％
高額療養費で払い戻される金額 212,570円	30万円（病院に支払った金額）−87,430円（自己負担額）

⑥遺族年金と一時金（遺族給付）の請求

14日以内にしなければいけない！

年金停止の手続き

◆加入／受給の有無を要確認

故人が厚生年金や国民年金の支給を受けていた場合には、死亡した日から14日以内に年金停止の手続きをします。

手続き窓口は、国民年金の老齢基礎年金や厚生年金については社会保険事務所で、障害基礎年金、遺族基礎年金を受給していた場合は市区町村役場です。

年金停止の手続きをしないと、死亡後にも年金が振り込まれてしまい、後日一括で返納することになりますので、できるだけ早く手続きしましょう。

また、故人が年金を前回受け取ってから、死亡月の分までが未払いになっていることがあります。この場合は受給停止と同時に、未払い年金の請求手続きもしましょう。

参考

年金は、年6回、2ヶ月毎に、その前月までの2ヶ月分が支払われます。

未払い分を受給できる人は、故人と生計を共にしていた配偶者、子、父母、孫、祖父母、兄弟姉妹で、この順番に優先権があります。

手続きに必要なものは、年金証書、死亡診断書または埋葬許可証、戸籍謄本や戸籍抄本、故人と請求者の住民票の写しなどです。

遺族が受給できる年金

◆納得できるまでしっかり聞く

年金支給について窓口で渡される説明文は、普通の人にはなかなか内容がわかりにくく、何がどうなっているのかサッパリわからない、ということもあるかもしれません。

しかし、どれも説明の要点としては、故人が生前加入していた年金の種類と加入の期間、それに遺された遺族の立場や条件などに分けられます。

遺族年金は遺された人々のこれからの生活の支えとなるものです。遠慮せず、それぞれの窓口担当者に理解できるまでしっかり聞いて、きちんと手続きしましょう。

故人が国民年金に加入していた場合、遺族がもらえる遺族給付には、遺族基礎年金か寡婦年金か死亡一時金のいずれか一つがあります。

厚生年金、共済年金に加入していた場合は、遺族基礎年金に加え各々遺族厚生年金、遺族共済年金がもらえます。

◆亡くなった人の要件

遺族基礎年金は、死亡した人が次のいずれかに該当する場合に支給されます。

①国民年金に加入中に死亡したとき（サラリーマン等も国民年金に加入しているので含まれます）

②国民年金に加入していて保険料を払い終わった60歳以上65歳未満の人で、日本在住中に死亡したとき

③老齢基礎年金をもらっているときに死亡したとき

④老齢基礎年金の受給資格者であるとき（60歳以上65歳未満で待機中、または65歳以上70歳未満で繰り下げ支給で待機中）に死亡したとき

◆保険料納付要件

前記①②に該当する場合

死亡日の前日において、死亡日の属する月の前々月までの保険料を納付すべき期間のうち、3分の2以上が保険料納付済期間または保険料免除期間であること。

つまり国民年金加入期間のうち3分の1以上保険料滞納期間がないこと。

遺族基礎年金は誰がもらえる？

◆遺族基礎年金

遺族基礎年金をもらえる遺族は、次のとおりです。

死亡した人に生計を維持されていた18歳未満の未婚の子、20歳未満で障害等級1級・2級に該当する未婚の子、またはそれらの子と生計を同じくしていた妻。

ここでいう妻とは死亡した人と婚姻の届け出をしていないが、事実上婚姻関係であった人（いわゆる内縁関係や事実婚の人）を含みます。

遺族基礎年金はいくらもらえる？

◆遺族基礎年金の額

遺族基礎年金の額は、大きく分けると「子がいる妻と子が遺族の場合」と「子だけが遺族の場合」とに分かれますが、どちらの場合も子の人数によって変わってきます。

「子がいる妻と子が遺族の場合」の年金額（妻＋子3人の場合＝年金合計額は1，323，800円）

妻…792，100円
子の1人目…227，900円
子の2人目…227，900円
子の3人目…75，900円
4人目以降は1人増えるごとに75，900円を加算します。

「子だけが遺族の場合」の年金額（子が3人の場合＝年金合計額は1，095，900円）

子の1人目…792，100円
子の2人目…227，900円
子の3人目…75，900円
4人目以降は1人増えるごとに75，900円を加算します。

遺族基礎年金はいつまでもらえる？

◆遺族基礎年金の支給

遺族基礎年金の支給の要件となっている子が、18歳になるまでの間、または障害等級1・2級に該当する子が20歳に達するまでの間、年金の支給を受けることができます。

ただし「妻」、「子」が死亡したとき、婚姻したとき、養子となったとき（直系血族又は直系姻族の養子となったときは除きます）には遺族基礎年金の受給権はなくなります。

寡婦年金とは？

◆国民年金の第1号

国民年金の第1号被保険者として保険料を納めた期間（保険料の免除を受けた期間を含む）が25年以上ある夫が死亡した場合に該当します。

10年以上婚姻関係（事実上の婚姻関係を含む）のあった妻に、60歳から65歳（妻の老齢年金受給）になるまで支給される国民年金独自の年金です。

遺族基礎年金の支給対象となる遺族の範囲は、「子のいる妻」と「子」のみで、しかも子には18歳までの子などの年齢制限があります。

そのため、夫が亡くなったときに子が18歳を超えていると、妻は遺族基礎年金をもらうことができません。

また子のいない夫婦の場合、夫が亡くなった場合残された妻もまた何も年金をもらうことができなくなり、長い間国民年金の保険料を納めても掛け捨て同然の状態になってしまいます。

そこで、妻に対して国民年金から寡婦年金が支給されます。

寡婦年金でもらえる金額

◆寡婦年金の支給金額

寡婦年金の支給金額は、夫が生きていればもらえたはずの老齢基礎年金の4分の3に相当する額が基本的にはもらえます。

ただし、死亡した夫が、障害基礎年金の支給を過去に受けたことがあったり、老齢基礎年金の支給を受けていた場合は、支給されません。

他にもいくつかの制限がありますから、確認してください。

なお、寡婦年金が、国民年金や厚生年金及び共済年金等のほかの年金と同時に支給されることはありません。

たとえば遺族基礎年金、遺族厚生年金、死亡一時金と同時に支給されることはありません。

死亡一時金

◆国民年金の第1号被保険者

国民年金の第1号被保険者として保険料を3年以上納めた人が、老齢基礎年金や障害基礎年金をもらわずに亡くなり、遺族基礎年金を受けられる遺族がいないときは、国民年金独自の死亡一時金をもらうことができます。

死亡一時金は年金ではなく1回だけの一時金ですので、一度支給されたら再度の支給を受けることはできません。

死亡一時金をもらえる遺族は？

◆もらえる遺族の順番

死亡一時金をもらえる遺族は、次のとおりです。

亡くなった人と一緒に生活していた

①配偶者
②子
③父母
④孫
⑤祖父母
⑥兄弟姉妹

もらえる優先順位もこの順番です。

死亡一時金はいくらもらえるの？

◆故人の納付期間により異なる

故人が国民年金の保険料を納めた期間によって異なります

3年以上～15年未満	120,000円
15年以上～20年未満	145,000円
20年以上～25年未満	170,000円
25年以上～30年未満	220,000円
30年以上～35年未満	270,000円
35年以上	320,000円

なお、寡婦年金と死亡一時金の両方の受給資格を満たしている場合は、どちらかを選択することができます。

＊　＊　＊

なお、上記は平成20年3月現在のデータによります。

⑦ 所得税の確定申告

税務署でしなければならないこと

故人の所得税の申告…準確定申告

◆準確定申告とは

準確定申告とは、故人が亡くなった年の1月1日から亡くなった日までの所得を計算し、相続の開始日（死亡または死亡とみなされた日）から4ヶ月以内に、相続人が税務署に申告をすることです。

相続人の中に放棄をした人がいる場合はその人を除いて行います。

前年分の確定申告をしないまま亡くなった場合も、相続人が前年分の確定申告をしなければなりません。

この場合、前年分は通常の確定申告期限ではなく、本年分と同様に相続の開始日（死亡または死亡とみなされた日）から4ヶ月以内となります。

準確定申告が必要な場合

◆故人が自営業なら申告は必須

故人が自営業を営んでいた場合は申告が必要です。

故人が会社員の場合は、一般的には勤務先が年末調整をしてくれるので申告が不要ですが、次の場合は必要になります。

・会社側が死亡時点での年末調整を行わなかった
・2ヶ所以上で給与を受けていた
・給与収入が2,000万円を超えていた
・給与所得や退職金の所得以外に、合計で20万円以上の所得があった
・家賃収入があった
・不動産の譲渡所得があった

・住宅借入金特別控除を受けていた

医療費を支払っていて、一定額以上の自己負担がある場合は、医療費控除が受けられますので、準確定申告を行わないと損をします。

なお、準確定申告で以下のものは、所得から控除が受けられます。

○医療費控除（医療費控除の対象となるのは、死亡日までに支払った額です。死亡したときに入院しており、その入院費を死亡後に支払った場合は含めることはできません）

○社会保険料、生命保険料、地震保険料控除（対象となるのは、死亡日までに支払った額です）

○配偶者控除、扶養控除（死亡の日の現況により、該当するかどうかの判定が行われます）

準確定申告はどこで？

◆税務署に提出

準確定申告は、法定相続人が行い、相続人の住所地ではなく、被相続人（故人）の住所地の税務署に提出します。

相続人が複数いる場合は、連名で同一の書類で行い、各相続人の氏名、住所、被相続人（故人）との続柄などを記入した準確定申告の付表を添付し提出します。

所得税は相続人が支払います。

相続人が複数いる場合は、相続分に応じた割合でそれぞれが納めます。この負担金額はそれぞれの相続財産から債務として控除されます。

⑧ 医療費控除の手続き

10万円以上の医療費は一部が還ってくる！

所得控除の金額

◆基準は年間10万円超

故人が自分とその扶養家族のために支払った医療費の自己負担額が年間10万円以上の場合、超過した金額が200万円を限度として所得から控除されます。

年間所得が200万円未満の場合は、所得の5％以上の医療費支払いがあった場合に所得控除を受けられます。

死亡の日までに支払った分は故人の準確定申告で、死亡後に遺族が支払った分は相続財産から控除します。医療費控除の対象となる金額は、次の式で計算した金額で、最高で200万円です。

（実際に支払った医療費の合計額－①の金額）－②の金額

①保険金などで補てんされる金額

（例）生命保険契約などで支給される入院給付金、健康保険などで支給される高額療養費・家族療養費・出産育児一時金など

②10万円

ただし、その年の所得金額の合計額が200万円未満の人はその5％の金額

医療費控除の申告の際には医療費や交通費などの支出を証明する書類、たとえば領収書などの添付が必要となります。

また、それまで医療費の所得控除をしていなかった場合は、5年前に遡

って還付請求することができます。

医療費控除が受けられる主な医療費

○医療機関に支払った診察費や治療費
○治療に必要な医薬品の購入費
○入院費や分娩費
○治療のための鍼灸や柔道整復師などの施術費
○介護保険制度で受けた一定の施設・居宅サービスの自己負担額
○診療や治療を受けるために直接必要な、義手、義足、松葉杖、義歯などの購入費用
○傷病によりおおむね6ヶ月以上寝たきりで医師の治療を受けている場合に、おむつを使う必要があると認められるときのおむつ代
この場合には、医師が発行した「おむつ使用証明書」が必要です。
○骨髄移植推進財団に支払う骨髄移植のあっせんに係る患者負担金
○日本臓器移植ネットワークに支払う臓器移植のあっせんに係る患者負担金

知ッ得コラム

10万円超の還付請求条件

過去1年間に要した医療費の合計が10万円超となったときに、税金から還付される医療費控除制度がありますが、時々誤解があるようですから、注意しましょう。

①1月1日から12月31日までの1年間であること
②領収証などの書類を添付すること
③確定申告しなければ対象とはならないこと
④人間ドックや差額ベッド代は対象外
⑤通院のためのタクシー代など交通費は含めて可

⑨ 生命保険の請求

請求しなければ決してもらえない！

加入している保険の確認

◆加入者の申告義務

特別の理由でもない限り、生命保険や共済には、一切加入していない、という人はあまりいないと思います。何か一つや二つは、「保険」と名のつくものがあることでしょう。

ただ、注意しなければいけないこと、それは、仕組み上、「請求手続きをしない限り、決して保険金や共済金を受取ることが出来ない」ことになっている点です。これを加入者の「申告義務」といい、申告・請求がなければ、保険会社はその事実を知る立場にはないわけですから、致し方ありません。

故人が加入していた可能性があるなら、それがどのような保険か、とにかく確認することがスタートです。

○民間の「生命保険」
○郵便局の「簡易保険」
○勤務先の「団体保険」
○経営者の「経営者保険」
○各種団体の「生命共済」

などが想定されます。

確認する方法は、保険証書以外にありません。

普段から、保険証書がどこにしまってあるか、どのように管理されているか、知っていればよいのですが、イザというときには意外に判らず、困ることがあります。気をつけたいものです。

なお、ケガによる死亡のときは、

○民間の「傷害保険」

も対象になります。

保険証書が見つかったら、

○保険の種類
○保険会社の連絡先
○保険金額
○受取人の氏名

をチェックしましょう。

あとはその指定する手順に従って手続きすればOKです。

なお、受取人が指定されているときは、その死亡保険金は相続財産には含まれません。原則として、その全額が受取人のものになります。

住宅ローンがあるとき

◆借入先銀行にすぐ確認

また、故人が〈住宅ローン〉を抱えているとき、〈住宅金融公庫借入金〉残高があるときには、通常なら自動的に「生命保険」が付いていますから、併せて確認してください。

これは、住宅ローンの借入れ人が亡くなった場合に、残された遺族が困窮しないよう、加入する生命保険で残債が支払われるように設計された保険です。

普通は「毎月○日に○○円」、「賞与時にも○○円」と決められていますから、手続きは急がねばならないでしょう。

その方法は、借入れ先の銀行等で確認してください。

保険金の受取り方法

◆請求権は2年以内

故人がこれらの生命保険に加入していたことがハッキリしたら、原則として2ヶ月以内に申告・通知・請求手続きする必要があります。

通知すべき事項としては、

①保険証書番号
②加入年月日
③被保険者氏名
④死因
⑤死亡年月日

などですが、具体的には、保険証書に記載されている方法に従ってください。普通は所定の手続き用紙が決められているはずですから、用紙を送ってもらうことから始めます。

もちろん、死亡証明書や除籍謄本などの必要書類を揃えないといけません。

なお、2年以内に請求手続きが行われない場合には、そもそも請求する権利を失うことになりますから気をつけてください。

死亡保険金の課税

◆被保険者

被保険者（保険の対象となっている人＝死亡した人）の死亡により保険金を受取った人に課税されるときの取扱いは、その保険金の受取人が誰であるかによって異なります。

また、保険料を誰が負担していたかによっても取扱いが変わりますから、注意が必要です。

◉相続税

相続税は、保険料負担者が、自分自身を被保険者として契約している保険のときに適用となります。

換言すれば、「被保険者と保険料負担者が同一人」の場合です。

基本的な相続税の計算式は次のとおりです。

相続財産＝死亡保険金－（500万円×法定相続人の数）

たとえば、法定相続人が妻と子供二人の場合、1,500万円までなら無税ということになります。それを超える金額が相続税の対象となるわけです。

◉所得税

所得税は、保険料負担者と保険金受取人が同一人の場合です。

この場合には、保険金は一時所得として課税されます。つまり、受取った保険金から、支払った保険料の総額を差し引き、さらにそこから一時所得の特別控除50万円を引いた金額の2分の1が、他の所得と合算されて課税対象となります。

これを計算式にすると次のとおりです。

一時所得＝（保険金－払込み保険料総額－50万円）×50％

ただし、保険金を年金形式で受取る場合には、一時所得ではなく雑所得となります。

◉贈与税

贈与税は、保険料負担者と被保険者と保険金受取人が、すべて異なる場合に適用となります。

その計算式は次のとおりです。

贈与税課税対象額＝保険金－基礎控除110万円

つまり、受取った保険金から、その年のその人の基礎控除額110万円を差し引いた金額が課税対象です。

贈与税は他の税金に比べて税率が高く、受取人にとっては負担額が大きいですから、保険契約時または契約更新時、あるいは契約者名の変更時などに注意が必要です。

■贈与税の計算と税率（暦年課税）

【平成19年4月1日現在法令等】

贈与税の計算はまずその年の1月1日から12月31日までの1年間に、贈与によりもらった財産の価額を合計します。続いてその合計額から基礎控除額110万円を差し引きます。次にその残りの金額に税率を乗じて税額を計算します。速算表の利用にあたっては基礎控除額の110万円を差し引いたあとの金額を当てはめて計算してください。それにより、贈与税額が分かります。

基礎控除後の課税価格	税率	控除額
200万円以下	10%	—
300 万円以下	15%	10万円
400 万円以下	20%	25万円
600 万円以下	30%	65万円
1,000 万円以下	40%	125万円
1,000万円超	50%	225万円

（例）贈与財産の価額の合計が400万円の場合
（400万円－110万円）×15%－10万円＝33.5万円　（贈与税額）

知ッ得コラム

生命保険の意味

保険には大きく分けて二種類あります。「生命保険」と「損害保険」です。また、三種類に区分すると、この二種類に生命保険と損害保険の両方にまたがるものがあります。

多くの生命保険会社の社名が「○○生命保険相互会社」となっていることからもわかるように、生命保険は「相互扶助」が本来の目的であり、万一の死亡の際に「加入者同士が助け合う仕組み」のことを指しています。

近年では「生保・損保の相互乗り入れ」が進み、両者の区分がわかりにくくなりました。

⑩ ライフラインの名義変更

案外ウッカリ忘れる手続きです！

水道・ガス・電気

◆故人名義で契約があれば要注意

もしも故人名義で契約しているときで、引き続き遺族が使用を継続する場合には、契約名義の変更手続きが必要です。

手続きは電話でOKです。それほど手間はかかりません。

お手元にあるガス会社等の払い込み票、領収証、請求書などから、

○お客様番号
○住所
○契約者名

を、管轄する支社・支店・営業所へ電話で通知します。

これらは案外ウッカリ忘れてしまいがちですから、気がついたときに実行してしまいたいもの。

NHK・電話・その他

NHKや電話、あるいはケーブルTV、インターネット契約についても、基本的には同様です。

名義変更するのでなく、解約するときには、できるだけ早めに連絡する方がよいでしょう。

他の契約と少し異なる取扱いとなるのが電話加入権です。

電話加入権は、相続財産の一つとして取扱いますが、他の財産とは異なり、遺産分割協議（第5章参照）を待たず、単独で名義変更が可能です。

詳しくはNTT窓口にお問い合わせください。

自動引き落とし契約

◆故人の口座は凍結

なお、上記すべての契約に共通することですが、料金が銀行等から自動引き落としとなっているときは、故人の口座が凍結されていますから、これまでのように自動引き落としはされません。

この場合には、新たな名義人の口座を設定して、新たな契約により申し込みすることになりますから注意が必要です。

このような遺族の混乱や困惑を、事前にできる限り回避しておこう、という考え方から、最近注目されているのが「エンディング・ノート」です。

一人暮らしの高齢者にとって、自分の死後の心配は多岐にわたっています。そうした心配を事務的な視点から少しでも解消しようというわけです。「エンディング・ノート」については、第5章の163頁以降にも詳しく触れてあります。

知ッ得コラム

ライフラインの契約 名義人リスト

電気・ガス・水道など、いわゆるライフラインについては、大地震の例を見るまでもなく、日々の生活維持にはきわめて重要です。

特に世帯主の死亡は、その名義変更を余儀なくされますから、早々に対応する必要があるわけです。忘れると金融機関からの引き落としが停まってしまいますので注意しましょう。

普段から、銀行引き落とし口座の名義人リストなどを見て一覧表として整理しておくと安心です。

■満年齢早見表（平成20年・2008年）

生年	西暦	十二支	年齢	生年	西暦	十二支	年齢	生年	西暦	十二支	年齢
明治30	1897	酉	111	昭和 9	1934	戌	74	昭和48	1973	丑	35
31	1898	戌	110	10	1935	亥	73	49	1974	寅	34
32	1899	亥	109	11	1936	子	72	50	1975	卯	33
33	1900	子	108	12	1937	丑	71	51	1976	辰	32
34	1901	丑	107	13	1938	寅	70	52	1977	巳	31
35	1902	寅	106	14	1939	卯	69	53	1978	午	30
36	1903	卯	105	15	1940	辰	68	54	1979	未	29
37	1904	辰	104	16	1941	巳	67	55	1980	申	28
38	1905	巳	103	17	1942	午	66	56	1981	酉	27
39	1906	午	102	18	1943	未	65	57	1982	戌	26
40	1907	未	101	19	1944	申	64	58	1983	亥	25
41	1908	申	100	20	1945	酉	63	59	1984	子	24
42	1909	酉	99	21	1946	戌	62	60	1985	丑	23
43	1910	戌	98	22	1947	亥	61	61	1986	寅	22
44	1911	亥	97	23	1948	子	60	62	1987	卯	21
明治45	1912	子	96	24	1949	丑	59	63	1988	辰	20
大正 元	1912	子	96	25	1950	寅	58	昭和64	1989	巳	19
2	1913	丑	95	26	1951	卯	57	平成 元	1989	巳	19
3	1914	寅	94	27	1952	辰	56	2	1990	午	18
4	1915	卯	93	28	1953	巳	55	3	1991	未	17
5	1916	辰	92	29	1954	午	54	4	1992	申	16
6	1917	巳	91	30	1955	未	53	5	1993	酉	15
7	1918	午	90	31	1956	申	52	6	1994	戌	14
8	1919	未	89	32	1957	酉	51	7	1995	亥	13
9	1920	申	88	33	1958	戌	50	8	1996	子	12
10	1921	酉	87	34	1959	亥	49	9	1997	丑	11
11	1922	戌	86	35	1960	子	48	10	1998	寅	10
12	1923	亥	85	36	1961	丑	47	11	1999	卯	9
13	1924	子	84	37	1962	寅	46	12	2000	辰	8
14	1925	丑	83	38	1963	卯	45	13	2001	巳	7
大正15	1926	寅	82	39	1964	辰	44	14	2002	午	6
昭和 元	1926	寅	82	40	1965	巳	43	15	2003	未	5
2	1927	卯	81	41	1966	午	42	16	2004	申	4
3	1928	辰	80	42	1967	未	41	17	2005	酉	3
4	1929	巳	79	43	1968	申	40	18	2006	戌	2
5	1930	午	78	44	1969	酉	39	19	2007	亥	1
6	1931	未	77	45	1970	戌	38	20	2008	子	0
7	1932	申	76	46	1971	亥	37				
8	1933	酉	75	47	1972	子	36				

※年齢は誕生日以後の満年齢。誕生日までの年齢は、上記の満年齢より１を引いた年齢。

第4章

新盆・お彼岸、一周忌を迎えるまで

●初めて迎えるお盆の手順
●春と秋の年二回ある年中行事です
●一周忌法要の準備と手順
●三回忌法要とそれ以降
●霊祭（みたままつり）の基本ルール
●カトリックとプロテスタント

① 新盆

初めて迎えるお盆の手順

新盆とは

◆精霊棚を用意します

仏教では、四十九日の忌明けのあと、初めて迎えるお盆のことを「新盆《にいぼん》」または「初盆《はつぼん》」と呼びます。

亡くなった月日によっては、四十九日の忌明け前にお盆を迎えることになりますが、その場合は、新盆は翌年になりますので気をつけましょう。

新盆は、故人が仏になって初めて里帰りするということで、身内や親しい方を招いてお寺様にお経をあげてもらい、供養します。

新盆のときには仏壇の前に盆棚＝精霊棚を設け、初物の農作物で作ったお供物（きゅうり・なす）を飾り、供養膳に精進料理を盛り付けます。白玉・だんご・果物・故人の好物なども供えます。

具体的な飾り方のルールは、地域や宗派により若干異なりますから、不明点はお寺様に教えていただく必要があります。

◆白い盆提灯は一年限り

仏壇の前や玄関には新盆用の白い提灯を、仏壇の脇には絵柄の入った盆提灯を飾ります。これはご先祖が迷わず帰って来る目印として昔から用いられてきた方法です。

また、「迎え火」といって、地域によっては、玄関先に小さな目印としての灯り（火）を灯す習慣もあります。

白い提灯は、新しい仏様のためのまっさらな提灯という意味合いで、一年限りのものです。使い終わった

らお寺に納めるか、迎え火のとき一緒に燃やします。

提灯など、新盆用品は、仏具店またはデパートでもシーズンになれば買い求められます。最近では、大手スーパーマーケットにも「精霊棚お飾りセット」などと称して準備されているようです。

お盆の期間

◆江戸時代までは旧暦

お盆は、江戸時代までは旧暦の七月十五日を中心に行っていました。これを旧盆といいます。

現代のカレンダーでは八月になりますが、地域によってはこのときに催すこともあります。ちょうど終戦記念日と重なることもあり、また、子供達の夏休みでもありますから、旧盆の習慣が結果的に今日でも継続しているのかもしれません。

◆土地の習慣にしたがって

現在では、東京など都市部では七月十三日から十六日、それ以外の地域では一ヶ月遅れの八月十三日から十六日に行われることが多いようです。

いずれにせよ、土地の慣習にしたがっておけば問題はありません。

また、いうまでもないでしょうが、お盆の行事は、どちらか一方（一回）でよく、二回行う必要はありません。

新盆法要の手順

◆新盆の法要予約は早めに

新盆の法要をする場合は、まずお寺様の都合の確認をします。

お盆にはいくつも法事が予約されている場合がありますので、早めに連絡しておく必要があります。早めであれば問題ありませんが、遅くなってはいけません。

日程が決まったら、来ていただく人へ連絡をし、出席する人数がわかったら、それにあわせて会食の準備をします。

自宅ですから、同居の家族だけでもかまいませんが、ごく親しい方には声をかけておくほうが無難でしょう。

◆用意するものと手順

また、参列者へのお礼の引き出物を準備します。包装（水引き）はギフト屋さんやデパートなどで新盆用ということで依頼します。

同居の家族だけのときはお礼の品

物は不要ですが、お寺様に持ち帰っていただく品物は用意しておいたほうがよいでしょう。

　十三日の朝までにお盆飾りの準備と飾り付けをします。

　十三日の夕方にご先祖が帰ってきますので、焙烙《ほうろく》といって素焼きのお皿でおがらを燃やし、ご先祖様の帰宅を迎えます。これが迎え火です。

　新盆の法要は、基本的にはお寺様に来ていただいて、お仏壇の前に一同が正座をし、お経を読んでもらいます。

　お経が済んだら茶菓子などで僧侶をもてなし、あらかじめ用意しておいたお布施を渡します。お布施の金額については、事前予約のときに確認しておきましょう。

　新盆の法要の後は参列者で会食を行います。

　十六日の夕方におがらを焚いて、ご先祖を送ります。これが送り火です。

迎え火・送り火

◆十三日の夕方に家の前で

　十三日の夕方に家の前で、おがらを焚いて、家族一同が揃ってご先祖や故人の霊をお迎えする「迎え火」をします。

　具体的な段取りについては、ご近所のお年寄りに尋ねるか、またはお寺様にうかがってもかまいません。宗派によって少し方法に違いがあったり、地域差もありますから注意してください。

　それから、お墓参りをしてご先祖とお盆の間一緒に過ごし、十六日にご先祖の霊を送り帰す際おがらを焚く「送り火」をします。注意すべき事項は「迎え火」と同様です。

　なお、浄土真宗では、迎え火で霊をお迎えする習慣はありません。

② お彼岸

春と秋の年二回ある年中行事です

お彼岸

◆暑さ寒さも「彼岸」まで

「彼岸」という言葉は、もともと仏教用語で、仏の理想の世界がある「向こう岸（浄土）」を意味する言葉です。

お彼岸は春秋の二回あります。春分の日をはさんで前後三日間、秋分の日をはさんだ前後三日間、各一週間をお彼岸と呼んでいます。

最初の日を彼岸の入り、真中の春分の日・秋分の日を彼岸の中日、そして最後の日を彼岸明けといいます。

春分の日と秋分の日は、真東からのぼった太陽が真西に沈むことから、西方浄土の仏教思想とも結びついて、今日のさまざまなお彼岸の行事が生まれ習慣化したようです。

いつの頃からか、「暑さ寒さも彼岸まで」といい、季節の変り目として人々の間で認識されてきました。四季の豊かな日本の国ならではの事象といえるでしょう。いまでもよく話題になります。

寺院では「彼岸会」という法要が営まれ、家庭では、仏壇に供物を供えたり、お墓まいりをしてご先祖の供養をします。

なお、昔から、春と秋の彼岸の一週間に仏事を行うと、仏の功徳があるといわれています。自分自身のためにも、心を込めて供養したいものです。

少し余談になりますが、「ぼたもち」と「おはぎ」は、お彼岸のお供えにはかかせないものです。

これは、各季節の花になぞらえていますので、春の彼岸にお供えするのが「牡丹餅」、秋にお供えする場合は「お萩」といいます。したがって春に「お萩」と呼ぶのは間違いです。

初彼岸

◆特に丁寧に

四十九日法要後、初めての彼岸を「初彼岸」といいます。

初彼岸は、特に丁寧に供養をしましょう。

彼岸の入りに、仏壇を整え、家族や身近な人々を招いて、できればお寺様を招いて読経してもらいます。

お寺様に来ていただかない場合でも、仏壇をきれいに掃除し、故人の好物を供えるなど、丁寧に供養しましょう。

また、お墓参りは、できれば参会者全員でしたいものですが、お墓が遠ければ、後日改めて家族で墓参りするようにします。

お墓参りに持参するものとしては次のとおりです。

○供花
○お線香
○マッチ・ライター
○お供え品（故人の好物など）
○お寺様へのお布施

その後、参会者で会食をします。

なお、最近の墓地では、カラスなどの出没によってお墓が荒らされるという懸念から、墓前へ生もののお供えを禁じているケースもありますから、気をつけてください。お花であれば問題ありません。

彼岸会

お寺では「彼岸会」の法要がお彼岸の期間に営まれます。

読経や法話などが行われますので、できればお寺の彼岸会にも積極的に参加して、仏様の供養をお願いしましょう。

③ 一周忌法要

一周忌法要の準備と手順

一周忌

◆一周忌は一つの節目

一周忌は、故人が亡くなった日からちょうど一年後の、同月同日「祥月命日（しょうつきめいにち）」に行う法要です。

この一周忌は、年忌法要の中でも、特に重要とされている大切な法要です。別の言い方をするなら、親しい人が亡くなって、一年間は思い出にも浸り、また、さまざまな手続きや相続など、しなければならないことが一段落するタイミングでもありますから、気持ちの区切りのためにも大切なイベントといえます。

したがって、一周忌を終えると、遺族の喪中期間も基本的には終わりとなります。

法要の準備

①寺院への連絡

菩提寺がある場合には、お寺へ連絡し都合をうかがいます。お寺への連絡はなるべく早めにし、特に休日は他の法要と重なることもありますから気をつけてください。

菩提寺が無い場合は、葬儀のときにお世話になったお寺様に頼むことも可能です。

②法要の日程を決める

一周忌法要は、故人の祥月命日に行うのが正式ですが、遺族の都合やカレンダーの休日等で難しい場合に

は、必ず祥月命日よりも早い日に設定します。命日よりあとになってはいけません。

③会場を決める

会場は、寺院やご自宅の場合が多いようですが、ホテルや会館、法要施設のある霊園で行う場合もあります。

菩提寺がある場合には、お寺様と相談のうえ、双方納得した場所で決めるようにしましょう。

法要の依頼

◆遅くとも一ヶ月前に

会場や日程が決まりましたら、お寺様へ法要の依頼をします。

施主が直接出向くのがよいのですが、電話でもかまいません。出席者への連絡は遅くとも一ヶ月前にはできるように早めに準備しましょう。

案内状発送

◆できる限り早めに

法要の会場や日程などすべて決まりましたら、案内状を書きます。出欠の返事をしてもらいますので、必ず返信用のはがきを同封します。

案内状は最低でも一ヶ月前までには発送するようにしましょう。

また最近では、近親者だけで行うことも多くなってきていますので、どの範囲まで呼ぶか家族でよく話し合いましょう。

一周忌法要後に納骨をする場合、石材店に前もってお墓に到着する時間を伝えておく必要がありますから注意してください。

会食・引き出物の手配

◆引き出物は実用品を

出欠の返事が届いた時点で、会食の手配をします。会食をしない場合には、折り詰め料理などの手配が必要になります。

引き出物は、高価なものではなく、お茶やタオルなどの実用的なものが一般的です。お菓子もよいですが、できるだけ荷物にならないように重いものは避けましょう。また、生ものはいけません。

表書きは、「粗供養」・「志」・「故人の一周忌法要」などとし、水引の下に施主の名前を入れます。

法要当日

◆用意するものはお寺様に確認

法要当日に用意するものは、お花、お供物、お布施など、お寺によっても用意すべきものが違いますので、お寺様に事前によく確認しておきましょう。

当日は読経、焼香、法話、施主挨拶、会食と流れますが、通常法話までが約一時間程度になります。

一年が経過して、相続手続きなども終え、悲しみもやや癒えたところですから、故人の思い出話に花が咲くような、和やかな会になればよいでしょう。

知ッ得コラム

彼岸《ひがん》

「彼岸」とは、「岸の向こう」という意味です。すなわち、生死の境の川を超えて「向こう岸」に辿りつき、終局の悟りの場所に到達することをいいます。「涅槃の場所」ともいいます。

今日では、春分の日・秋分の日をはさむ前後七日間を「お彼岸」といいますが、これは、江戸時代以降、庶民の間で年中行事化されたお墓参りのタイミングを指し、「彼岸会《ひがんえ》」といいます。

よく「暑さ寒さも彼岸まで」といいますが、「お彼岸」は季節の変わり目でもあります。

④ 三回忌法要

三回忌法要とそれ以降

三回忌

◆**法要はいつまで行うのか？**

三回忌は、亡くなってから満二年目に行う法要で、三回忌からは「回忌」という数え方になります。数え方は○回忌＝満（○マイナス1）年です。

三回忌法要の手順としては一周忌とほとんど同じで、遺族、親族、友人・知人などで供養を行ったあとに会食をします。

三回忌が終わると、

○七回忌（満六年目）
○十三回忌（満十二年目）
○十七回忌（満十六年目）
○二十三回忌（満二十二年目）
○二十七回忌（満二十六年目）

と続きます。

○三十三回忌（満三十二年目）

で弔い上げとなり、法要はここで終了するのが一般的です。

檀家であれば、寺院から年月日が記載された「年忌法要表」がいただけますから、どこかに大切に保管しておけば安心です。

ときには五十回忌とか百回忌という話を聞くことがありますが、それは著名人など特別なケースです。

なお、七回忌以降は遺族だけで行うことが多いようです。

⑤神式

霊祭（みたままつり）の基本ルール

神式

◆神道では霊祭を行います

神道では霊祭《みたままつり》を行いますが、まず葬儀の翌日に翌日祭があります。

翌日祭は、霊璽《れいじ》あるいはお墓に拝礼して、葬儀が無事終わったことを報告する霊祭です。

しかしながらこの翌日祭は、現在ではあまり行われていないようです。

基本的には、亡くなった日から数えて十日目ごとに霊祭を行います。十日祭、二十日祭、三十日祭、四十日祭、五十日祭とあり、五十日祭の霊祭で忌明けを迎えます。

最近では、二十日祭、四十日祭は省略されることが多くなっています。また神道では、教義的には土葬でしたが、現在では火葬のうえ五十日祭までに埋葬するようになっています。

霊祭の基本的ルール

◆霊祭はいつまで？

霊祭は神社ではなく、自宅、墓前、斉場などで行います。

百日祭までの霊祭は、墓前または祭壇に故人の好物などを供え、近親者、友人、知人、葬儀のとき世話になった方々を招いて、神官に祝詞《のりと》奏上をしてもらい玉串奉奠《たまぐしほうてん》などの神事を行います。

霊祭が終わったあとは、出席者を食事でもてなします。このあたりの順序は、仏式とほとんど変わりがありません。

五十日祭の翌日は、遺族と神官だけで、忌明けとして神棚や御霊舎に貼った白紙をはがす「清祓《きよはら》いの儀」を行います。

また、清祓の儀の後日、故人の霊璽《れいじ》を御霊舎《みたまや》に移し、祖先の霊と一緒に祀る「合祀祭《ごうしさい》」を行います。

ただ最近では、五十日祭の同日に「清祓いの儀」と「合祀祭」を併せて行うことが多くなっているようです。

五十日祭の後は、百日祭、一年祭となります。

故人の命日の式典は式年祭と呼ばれ、一年祭、三年祭、五年祭、十年祭、二十年祭、三十年祭、四十年祭、五十年祭、百年祭と続きますが、一般に行われるのは三十年祭まで、長くても五十年祭までです。

知ッ得コラム

神棚封じ

昔から人が亡くなると行う作法があります。

神棚は半紙などを使って前面を覆うようにします。これを「神棚封じ」といい、仏壇も扉を閉めます。地方によっては今日でも固く守られている「しきたり」です。

また、絵画や室内装飾品など、喪の期間には相応しくないものは、同様に紙で覆うか、または見ない場所におくようにします。

なお、浄土真宗・浄土宗では、「死のけがれ」の考えはないため仏壇の扉は開けたままとします。

⑥ キリスト教式

カトリックとプロテスタント

カトリック

◆追悼ミサ

亡くなった日から三日目、七日目、三十日目に教会で、親族や知人・友人を招いて追悼ミサを行います。

追悼ミサでは、聖歌の斉唱、聖書の朗読を行い、ミサのあとは、神父・参会者と茶話会を開き、故人を偲びます。

一年後の命日に盛大に死者記念のミサを行います。

以後、特に決まりはありませんが、十年目、二十年目にミサを行う場合もあります。

また、カトリック教会では、毎年十一月二日を「死者の日」として、特別ミサが行われます。

プロテスタント

◆記念会（式）

亡くなった日から一週間目か、二十日目に祈りを捧げることもありますが、一般的には一ヶ月後の召天記念日に記念会を行います。

記念会は、親族や知人・友人を招いて、牧師の先導により聖書を朗読し、賛美歌を歌って故人を偲びます。

それ以外、特に記念会の決まりはありませんが、一般には亡くなってから数年間は、命日に記念会を行います。

■満年齢早見表（平成21年・2009年）

生年	西暦	十二支	年齢	生年	西暦	十二支	年齢	生年	西暦	十二支	年齢
明治31	1898	戌	111	**昭和10**	1935	亥	74	**昭和49**	1974	寅	35
32	1899	亥	110	11	1936	子	73	50	1975	卯	34
33	1900	子	109	12	1937	丑	72	51	1976	辰	33
34	1901	丑	108	13	1938	寅	71	52	1977	巳	32
35	1902	寅	107	14	1939	卯	70	53	1978	午	31
36	1903	卯	106	15	1940	辰	69	54	1979	未	30
37	1904	辰	105	16	1941	巳	68	55	1980	申	29
38	1905	巳	104	17	1942	午	67	56	1981	酉	28
39	1906	午	103	18	1943	未	66	57	1982	戌	27
40	1907	未	102	19	1944	申	65	58	1983	亥	26
41	1908	申	101	20	1945	酉	64	59	1984	子	25
42	1909	酉	100	21	1946	戌	63	60	1985	丑	24
43	1910	戌	99	22	1947	亥	62	61	1986	寅	23
44	1911	亥	98	23	1948	子	61	62	1987	卯	22
明治45	1912	子	97	24	1949	丑	60	63	1988	辰	21
大正 元	1912	子	97	25	1950	寅	59	**昭和64**	1989	巳	20
2	1913	丑	96	26	1951	卯	58	**平成 元**	1989	巳	20
3	1914	寅	95	27	1952	辰	57	2	1990	午	19
4	1915	卯	94	28	1953	巳	56	3	1991	未	18
5	1916	辰	93	29	1954	午	55	4	1992	申	17
6	1917	巳	92	30	1955	未	54	5	1993	酉	16
7	1918	午	91	31	1956	申	53	6	1994	戌	15
8	1919	未	90	32	1957	酉	52	7	1995	亥	14
9	1920	申	89	33	1958	戌	51	8	1996	子	13
10	1921	酉	88	34	1959	亥	50	9	1997	丑	12
11	1922	戌	87	35	1960	子	49	10	1998	寅	11
12	1923	亥	86	36	1961	丑	48	11	1999	卯	10
13	1924	子	85	37	1962	寅	47	12	2000	辰	9
14	1925	丑	84	38	1963	卯	46	13	2001	巳	8
大正15	1926	寅	83	39	1964	辰	45	14	2002	午	7
昭和 元	1926	寅	83	40	1965	巳	44	15	2003	未	6
2	1927	卯	82	41	1966	午	43	16	2004	申	5
3	1928	辰	81	42	1967	未	42	17	2005	酉	4
4	1929	巳	80	43	1968	申	41	18	2006	戌	3
5	1930	午	79	44	1969	酉	40	19	2007	亥	2
6	1931	未	78	45	1970	戌	39	20	2008	子	1
7	1932	申	77	46	1971	亥	38	21	2009	丑	0
8	1933	酉	76	47	1972	子	37				
9	1934	戌	75	48	1973	丑	36				

※年齢は誕生日以後の満年齢。誕生日までの年齢は、上記の満年齢より１を引いた年齢。

第5章

遺産相続の基礎知識

●遺産相続とは、故人の財産を受け継ぐこと
●遺言のあるときとないとき
●相続放棄・限定承認…被相続人死亡から3ヶ月以内
●遺産分割協議書の作成
●相続税の申告は10ヶ月以内に
●遺言書の書き方について
●弁護士、司法書士、行政書士、税理士への相談
●最近注目されている方法です

① 遺産相続とは

遺産相続とは、故人の財産を受け継ぐこと

遺産相続とは

◆遺産相続の概要

遺産相続とは、故人の財産（借金も含む）と意志が家族や血縁関係者（相続人）に受け継がれることをいい、単に相続ともいいます。

相続に関するルールは、法律で細かく定められていますが、複雑で難しい面もありますので、場合によっては専門家によく相談する必要があります。ここでは、その概略について簡潔に解説することとしましょう。

死亡の瞬間から相続は始まる…相続の開始

◆財産のない人はいない

人はみな生きている限り、多い少ないはあっても財産を持っています。端的にいえば、故人の着ていた洋服・持っていた時計・カバン、それこそが財産です。借金でさえも法律では財産の一つになります。

よく「うちには財産なんて何もないよ」というような言葉を聞きますが、決してそうではありません。金銭的な価値があるかないかは別として、財産のない人はいないのです。

昔は「形見分け」といって、故人の着物や持ち物などを、親類縁者で適当に分けあったりしたものですが、それは「故人を思い出すための縁《よすが》」としてであって、法的な根拠とは別の話です。

人が亡くなったとき、死亡した本人は「被相続人」として、その財産は死亡が確認されてから本人のものではなくなり、財産の権利・義務は

相続人に移行します。

銀行など金融機関は死亡を確認すると、預貯金口座を凍結し、払い出しなどできなくなりますし、不動産や株券、ゴルフの会員権など名義が故人（被相続人）のままであっても、権利は相続人のものです。

それらの名義変更は後々の事務的な手続きを経て、すべての財産は相続財産となります。

プラスの財産・マイナスの財産

◆相続の三つの方法

相続人が被相続人の死亡もしくは財産内容を知っているか、いないかに関わらず、原則としては、預貯金、不動産、株券などのプラスの財産だけではなく、借金などのマイナスの財産も相続することになります。

そのため、プラス財産よりも借金などのマイナス財産のほうが多い場合に、そのまますべてを相続してしまうと、相続人は借金などの債務を返済しなければならないことになります。

そこで法律（民法）では、相続人が亡くなった人の借金で苦しむことのないように、三つの相続の方法（単純承認・相続放棄・限定承認）を用意しています。

この、相続放棄と限定承認については、145頁に詳しく解説しますので参照してください。

相続人はその中から自由に相続方法を選ぶことができますが、その期間は「相続の開始を知ってから三ヶ月以内」です。

もし、何の手続もとらずに三ヶ月を過ぎてしまうと、プラス財産とマイナス財産のすべてを相続する「単純承認」をしたことになりますから注意してください。

プラスの財産（積極財産）はどんなものがあるか？

◆現金・預貯金などプラス財産

プラスの財産には次のようなものがあります。

○現金・預貯金
○株券・公社債
○債権（貸金・売掛金・未収金・手形・小切手）
○不動産（土地・建物）
○借地権・借家権
○動産（自動車・家財道具・貴金属・古美術品・絵画・

骨董品・ペット）
○損害賠償請求権（交通事故・その他）
○特許権・実用新案権・意匠権・商標権・著作権
○退職金
○生命保険金（被相続人が、自分自身を受取人とする保険契約を結んでいた場合）
○電話加入権
○ゴルフ会員権　等々

マイナスの財産（消極財産）はどんなものがあるか？

◆借金などマイナス財産

マイナスの財産には次のようなものがあります。

○借金・未払金・買掛金・手形・小切手などの支払い債務
○所得税・住民税・固定資産税・自動車税などの公租公課
○借金などの債務
○交通事故などの損害賠償責任

知ッ得コラム

透明のお墓

ごく最近の事例ですが、強化プラスチック製の「透明のお墓」が登場して、業界関係者の間で少し話題になりました。

「♪マークの入ったお墓」
「ピッケルを象ったお墓」
「俳句を彫ったお墓」
「奇抜な形状のお墓」

……など自由な形のデザイン墓石は、従来からよく見掛けたものですが、遂にお墓もここまで来たか、との感があります。

未来のお墓のあり方を想像してみるのも、案外楽しいかもしれません。

② 遺言書

遺言書のあるときとないとき

遺言書の有無の確認

◆故人の遺言があるのか

故人の遺言があるのかどうか、その確認が必要です。

なお、遺言＝いごん。日常用語としては通常ゆいごんといいますが、法律用語としては「いごん」です。

相続人は、相続開始のときから被相続人の財産の権利・義務を承継し、相続人が複数いる場合は、その遺産はとりあえず相続人の共有財産となります。

この遺産の共有状態を解消して、どの財産を誰が相続するかを決め各相続人に分配し取得させる手続きを、遺産分割といいます。

遺産分割の種類には、

- ○「遺言による指定分割」
- ○「話し合いによる協議分割」
- ○「家庭裁判所に申し立てる調停分割・審判分割」

があります。

指定分割

◆故人の意志が最優先

被相続人が遺言によって指示する分割方法で、民法上の相続人以外の人にも分割することができます。

遺言は亡くなった人の意思を表示したものですから、その遺言が法律に定めた方式であれば、最優先となります。

協議分割

◆被相続人の指定がないとき

被相続人の遺言がない場合、あっても相続分の指定のみをしている場合、あるいは、遺言から洩れている財産がある場合には、相続人全員の話し合いで分割する方法で、この協議は相続開始後ならいつでもできます。

当事者同士で、円満に遺産分割の内容が話し合われ、将来トラブルが起きないというならその内容を書面にする必要はありませんが、後々「言った、言わない」という議論や要求が出てくることが想像されます。

そういうトラブルを避けるために、相続人全員が署名捺印した、遺産分割協議書を作成することが、法的根拠を持つ書類として必要となります。

その協議は、相続人全員の合意があってはじめて成立し、一人でも欠けていればその書類は無効になります。

◆未成年者がいるとき

相続人の中に未成年者がいる場合は、未成年者は法律行為ができませんので、法定代理人（親権者）が代わって協議に参加します。

ただし相続の場合は、親権者も相続人になっていることが多いので、その場合は、家庭裁判所に「特別代理人」を選任してもらう必要があります。

また相続人の中に成年被後見人がいる場合や、行方不明者がいる場合、家庭裁判所に相談しましょう。

調停・審判による分割…相続は争族

◆話し合いで決まらないとき

共同相続人による協議がまとまらないとき、相続人は共同もしくは一人で、家庭裁判所に遺産分割の調停を申し立てることができます。

この場合、家庭裁判所はまず調停をすすめますが、調停でもまとまらない場合は、審判に移行します。

①調停

通常、調停は家事審判官一名と、調停委員二名以上の合議制で進められ、当事者間の話し合いによる解決をはかります。

内容は相続人全員の合意で成立するものであり、調停を強制されることはありません。

そして、調停で相続人の意見が一

致すれば、その内容は調停調書に記載されます。(調停分割)

調停調書は裁判の確定判決と同じ効力がありますので、同意した以上は相続人は必ず従わなければいけません。したがって、全員が納得するまで、家庭裁判所の力を借りてじっくり話し合うことが大切です。

②審判

調停が成立しないときは、裁判所の判断によって分割方法を定めるように審判を申し立てます。

裁判所は当事者や利害関係人の言い分を聞くなど、必要な調査をして、具体的な遺産分割の決定をします。(審判分割)

相続は「争族」などということがありますが、こうした悲劇にならないようにしたいものです。

知ッ得コラム

散骨《さんこつ》

「散骨」とは、お骨をお墓に埋葬するのではなく、海や山に撒くことを指します。死者を「自然に帰す」という考え方が根底にあり、「お墓不要論」にも通じる考え方といえましょう。

わが国においては、お骨の保管は納骨や埋葬以外の方法は、法律によって禁じられていました。近年は、一定の基準が満たされた場合に限り、認められています。

本書では、第6章で簡潔に解説してありますが、詳しくは葬儀社または「墓地埋葬等に関する法律」を参照してください。

遺言書を見つけたら

◆遺言書には三種類あります

遺言書には、

○自筆証書遺言
○秘密証書遺言
○公正証書遺言

の三種類があり、変造や偽造の恐れがない公正証書遺言書以外は、家庭裁判所での「検認」が必要となります。

相続開始後、これらの遺言書を発見したり、遺言書を保管している人は、すぐに家庭裁判所に「遺言書検認の家事審判」申し立てをしなければいけません。

検認は、遺言が遺言者の意思によって作成したものかどうかを確かめ、利害関係人にその内容を知らせ、遺言書の偽造や変造を防止するために必要な手続きです。

また遺言書が封印してあれば、勝手に開封してはならず、必ず家庭裁判所で相続人等の立会いのもとで開封します。

検認を受けずに封印された遺言書を開封してしまったり、検認手続きを経ることなく勝手に遺言を執行してしまったりした場合、遺言が無効になるわけではありませんが、5万円以下の過料に処せられます。

遺言書を発見した相続人が自分が有利になるように偽造したり、故意に遺言書を隠したりすると相続人の権利を失うことになります。

相続人の確認…相続人となるのは誰か

◆誰が相続することができるのか

誰が相続することができるのかについては、遺言があれば、そこに指名された人が相続人になります。

遺言によって指名された者を受遺者といいますが、受遺者は全くの他人でもかまいません。公的機関に寄付する方が時々ありますが、それもOKです。

一方、遺言がない場合は、法律に基いて相続人の相続順位と相続割合が定められています。これを「法定相続」といいます。

現在のわが国の法律では、相続の範囲は、配偶者、直系卑属（子・孫）、直系尊属（父母、祖父母）、兄弟姉妹の順です。

被相続人に子がいる場合は、直系尊属や兄弟姉妹は相続人とはなれません。

日本の法律の考え方は、財産を直

系の子孫に残すことを第一義としているためです。

子孫がない場合に限り、被相続人の両親が相続したり、兄弟姉妹が相続したりすることになります。

○配偶者（妻または夫）

常に法定相続人となります。

○第一順位　直系卑属（子・孫）

配偶者と共に常に法定相続人となります。

○第二順位　直系尊属（父母、祖父母）

被相続人に子がいなかった場合に配偶者と共に法定相続人となります。

○第三順位　兄弟姉妹

被相続人に子も父母もいなかった場合に配偶者と共に法定相続人となります。

配偶者

◆配偶者は常に相続人

配偶者は常に相続人となります。

配偶者として相続権があるためには、法律上の婚姻がなされていることが必要です。

法律上の婚姻関係があれば、仮に別居中であっても相続権は認められます。

内縁関係や離婚した配偶者には相続権はありません。

長い間、苦楽を共にしてきた内縁関係の相手に相続させるには遺言による指示が必要になります。

知ッ得コラム　般若心経

数ある仏教の経典の中でも、最も代表的なお経が「般若心経《はんにゃしんぎょう》」です。

わずか二百七十六文字の短いお経ですが、仏教の真髄が表現されているとされ、阿弥陀様に帰依する浄土真宗を除き、どの宗派でも読まれます。

ただし、最後の呪文の部分は、かの三蔵法師が、古代サンスクリット語の発音から漢語に置き換えたものであり、漢字それ自体には意味がありません。

「般若」とは、「知恵」のことをいいます。

直系卑属（子・孫）【第一順位】

◆実子と養子

実子は被相続人の血族の中で第一番目に相続人となります。

また、実子は戸籍が別になっていても相続権があります。父母が離婚した場合は、子は離婚した両親の双方の相続人になります。

また養子も実子と同様に相続人になります。養子は実家の親の相続人にもなります。

ただし実親との親族関係が消滅する特別養子縁組の場合は実子であっても相続人になれません。

子が被相続人より先に死亡している場合、孫がいれば死亡した子に代わって相続人となります（＝代襲相続）

正式な婚姻関係の夫婦に生まれた子を嫡出子といいます。これに対し、婚姻届を出していない男女の間に生まれた子を非嫡出子といいます。

非嫡出子も子に変わりはないので相続人になれます。

ただしこの場合、母子関係の相続の場合は問題ありませんが、父子関係の相続の場合は、父がその子を認知して、戸籍上の届出をされていることが必要になります。

相続権は生きている人にだけ与えられるものですが、相続開始時に胎内にいる子供は生まれたものとみなし、胎児は例外的に相続権が認められています。

ただし、この場合でも生きて生まれた場合にのみ権利を行使できますが、死産の場合はその胎児は初めからいなかったものとみなされます。

また再婚した配偶者に連れ子がいた場合は、法律上の親子関係がありませんので相続人になりませんが、生前に養子縁組をしていれば連れ子も相続人となります。

直系尊属（父母・祖父母）【第二順位】

◆直系卑属がいないとき

子や孫などの直系卑属がいない場合、父母が相続人となります。

父母のどちらかが健在なら、祖父母まで遡ることはありません。また実親・養親の区別もありません。

傍系血族（兄弟姉妹）【第三順位】

◆第一・第二順位のいないとき

第一・第二順位の直系血族がいない場合、兄弟姉妹が相続人になります。

兄弟姉妹の子（甥・姪）には代襲相続がありますが、兄弟姉妹の孫には認められていません。

特別縁故者

◆特殊なケース

法定相続人も受遺者も該当する人がいないとき、家庭裁判所に被相続人と特別の縁故があったことを申し立て、それを認められた者を特別縁故者といいます。

代襲相続

◆代襲相続とは

代襲相続とは相続開始以前に、相続人となるべき者が死亡その他の事由（相続欠格、相続人の廃除）で相続権を失った場合に、その者の直系卑属がその者に代わって同一順位で相続人となることをいいます。

また、子や兄弟姉妹の配偶者は代襲相続人にはなれません。子が養子であった場合で、養子縁組前に生まれていた子供も、代襲相続人になれません。

相続人の確認方法

◆戸籍を調べる

相続人の確認方法としては、被相続人の戸籍謄本等を、死亡から出生まで遡ってすべて集めます。

相続人であることを証明するためであると同時に、他に相続人がいないかどうか、確認する必要があるためです。

◆相続人の確認手続（名義変更手続等にも必要になります）

① 被相続人の本籍を時系列でつながるように集めます。

○被相続人の死亡の記載のある現在の戸籍謄本または除籍謄本

○被相続人の出生当時の戸籍謄本、除籍謄本または改製原戸籍謄本

本籍を何度も転籍している場合や戸籍が改製されて必要事項が抜けていれば、その当時の本籍地の市区町村に除籍謄本や改製原戸籍謄本を請求手続きする必要があります。

② 被相続人の死亡の記載のある住民票除票など被相続人の住所を証明する書類を請求手続きします。

③ 相続人の戸籍謄本・住民票・印鑑証明書を集めます。

音信不通等で相続人の住所が分からない場合、戸籍の附票を取れば大抵はわかります。

相続人になれない場合

◆相続欠格

相続欠格は、相続を許すべきでないと考えられる重大な不正・非行をした者の相続権を、制裁として失わせるものです。

相続人が以下のいずれか一つに該当するときは、その人の相続権がなくなります。

○被相続人や自分より先の順位の相続人や同順位で相続人になるはずの人を故意に殺害したり、殺害しようとしたために刑に処せられた者

○被相続人が殺害されたことを知りながら、そのことを告訴、告発しなかった者

○詐欺または強迫によって、被相続人が相続に関する遺言をし、これを取り消し、またはこれを変更することを妨げた者

○詐欺または強迫によって、被相続人に相続に関する遺言をさせ、これを取り消させ、またはこれを変更させた者

○相続に関する被相続人の遺言書を偽造し、変造し、破棄し、または隠匿した者

◆相続廃除

相続廃除は相続欠格のように当然に資格がないというのでなく、やはり相続人として非行があり、相続人になるのにふさわしくない場合に、被相続人の意思によって相続権を奪う制度です。

相続廃除は、生前に家庭裁判所に申し立てるか、遺言で廃除請求の意思表示をし、遺言の執行者が家庭裁判所に廃除を申し立てます。

廃除するかどうかは、被相続人が勝手に決められるものではなく、家庭裁判所の審判によって決まります。

◆相続分

相続分とは、相続人の受ける相続財産の割合をいいます。

相続分には、被相続人が遺言によって指定する場合、被相続人の遺言によって指定を委託された第三者が指定する場合（指定相続分）と、遺言がない場合に民法の定めるところにより決定される場合（法定相続分）があります。

法定相続分は、遺言や相続分の指定がない場合に、相続人の間で協議する場合の目安となり、相続人全員

で話し合いがつけば法定相続分と異なる遺産の分け方をしてもかまいません。

法定相続分

◆**配偶者**

相続人が配偶者しかいない場合は、配偶者が全部の財産を相続します。

配偶者以外に相続人がいる場合は、配偶者以外の相続人が誰かによって相続割合が変わってきます。

◆**子供（直系卑属）**

配偶者に子がいる場合は、子が2分の1、配偶者が2分の1。

配偶者が死亡している場合は、子が全部を相続します。

子供が複数いる場合は、子供の相続分である2分の1を人数で割ることになります。

非嫡出子は嫡出子の相続分の2分の1を相続します。

◆**親（直系尊属）**

子（被相続人の子）や孫がいる場合、親（被相続人の親）は相続できません。

配偶者と親の場合は、親が3分の1、配偶者が3分の2。

配偶者も子供もいない場合は、親が全部を相続します。

◆**兄弟姉妹**

兄弟が相続できるのは、親も子供もいない場合です。

配偶者がいる場合は、兄弟姉妹が4分の1、配偶者が4分の3。

配偶者もいない場合は、兄弟姉妹が全部を相続します。

◆**特別受益と寄与分**

法定相続の場合、法定相続分により相続するのが原則ですが、生前中に被相続人から特別に受けた贈与や、財産の維持増加への貢献度など、遺産分割するにあたって、法定相続分どおり分配することは、必ずしも公平とはいえません。

そこで、この不公平を調整しようとする特別受益および寄与分の制度が認められています。

◆**特別受益**

生前中に被相続人から商売の資金援助、マイホーム資金など特別の援助を受けたことを生前贈与または特別受益といい、もらった人を特別受益者といいます。

◆**特別受益者の相続分**

共同相続人の中に、被相続人から

遺贈を受けたり、婚姻・養子縁組のため、もしくは生計の資本として贈与を受けた人があるときは、被相続人が相続開始のときに有した財産の価額にその贈与の価額を加えたものを相続財産とみなして算定した相続分から、その遺贈または贈与の価額を控除し、その残額をその者の相続分とします。

被相続人が相続開始時に残した財産の価額＋特別受益者が得た贈与・遺贈分（特別受益額）＝みなし相続財産

みなし相続財産×本来の相続分−特別受益額＝特別受益者の相続分

◆寄与分

寄与分とは、被相続人の事業について労務の提供をしたり、自分の財産を提出した場合や、被相続人が病気になったとき自分の費用で看護したりして、被相続人の財産の増加・維持に特別の寄与や貢献をした人がいる場合に、その人の相続分にその寄与、貢献に相当する額を上乗せし、相続人間の不公平がないようにするための制度です。

寄与分は相続人だけに限られ、内縁の配偶者、亡くなった夫の両親の世話をしてきた嫁などには認められていませんので、もし、相続させたい場合には遺言が必要になります。

知ッ得コラム

お香典の金額

本来お香典は自主的な「弔意」ですから、ご遺族との関係の深さによって、ご自身で決めるしか方法はありません。

ただ、一般に7,000円とか、15,000円という半端な金額は避けるようにします。

お香典の一般的な金額としては、3,000円、5,000円辺りから始まって、10,000円が最もポピュラーな金額。20,000円、30,000円、50,000円、それから100,000円……という辺りまででしょうか。

何故か40,000円という金額は避けられているようです。

③ 相続放棄・限定承認

相続放棄・限定承認…被相続人死亡から3ヶ月以内

相続放棄・限定承認

◆相続放棄・限定承認

相続とは、被相続人の財産に属したすべての権利義務を承継することをいいますが、権利とは預貯金、不動産、株券などのプラスの財産で義務とは借金などのマイナスの財産をいいます。

マイナスの財産の方が多い場合は、相続人の生活が脅かされることにもなりかねません。

そこで、相続人の保護をはかる制度として相続放棄と限定承認という二つの方法が認められています。

◆相続放棄

相続人の意思によって、プラスの財産もマイナスの財産も引き継がないのが相続放棄で、当然のことながら資産は承継するが、負債は承継しないという選択はできません。

通常相続の放棄は、債務が超過している場合に行われますが、その他財産を他の相続人に相続させたい場合など、債務超過でなくても相続を放棄することがあります。

◆相続の放棄の手続

相続放棄の手続きは、他の相続人に関係なく、各々相続人一人の意思でできますが、「自分が相続人になったことを知ったときから三ヶ月以内」に家庭裁判所に対して「相続放棄申述書」を提出しなければなりません。

家庭裁判所に認められれば、「相

続放棄陳述受理証明書」が交付され、この証明書が相続放棄をした証明となります。

この三ヶ月の期間を過ぎてしまった場合や相続財産に手をつけてしまったりした場合には相続の放棄はできません。

三ヶ月以内に相続放棄をするかどうか決めることができない事情がある場合は、家庭裁判所に「相続放棄のための申述期間延長」を申請することにより、この三ヶ月の期間を延長してもらえる場合があります。

◆相続放棄する場合の留意点

相続を放棄した場合には、その放棄をした相続人は、初めから相続人ではなかったものとみなされます。

初めから相続人ではなかったわけですから、相続放棄者の子や孫に代襲相続は起こらないことになります。

し、同順位の相続人の相続分が増えたり、同順位の人が全員放棄すれば次順位の人が相続人になったりします。

たとえば、一人の相続人が、借金の方が多いということで相続の放棄をすると、他の相続人に借金が移ってしまうことになりますので注意が必要です。

また相続放棄をした人でも、生命保険金や死亡退職金を受け取ることはできますが、その場合には全額が相続税の対象となります。

◆限定承認

プラスの財産よりマイナスの財産が明らかに多い場合には、相続放棄をすればよいのですが、どちらが多いかわからない場合があります。

相続財産がプラスなのかマイナスなのか不明な場合には、相続した債務（マイナスの財産）を相続した積極財産（プラスの財産）から弁済し、債務超過の場合は相続人の財産を持ち出してまで弁済しない、というのが限定承認です。

相続債権者・受遺者に弁済して、なお残余財産があるとき、その財産は、相続人間で遺産分割の手続によって分配することになります。

◆限定承認の手続

限定承認をする場合には、相続の開始があったことを知ったときから三ヶ月以内に家庭裁判所に限定承認の申立てをしなければなりません。

そして、放棄の場合とは異なり、相続人全員で申し立てなければなりません。

限定承認は、家庭裁判所で受理されてから五日以内に、債権者にはその権利を請求するよう通知し、また一般に対しては申し出るよう公告しなければなりません。

そして、債権者に相続財産から弁済をすることになります。その弁済のために不動産を競売する場合、その手続だけでもかなり複雑で面倒なものとなります。

限定承認は、合理的な制度であるにも関わらず、手続きが面倒なこともあり、相続放棄に比べてあまり利用されていません。

◆手続きは専門家に

これらの一連の手続きには、司法書士または弁護士のサポートが必要です。

一般市民にとって法律内容は難解で、しかも多くの書類作成を要しますから、専門家に依頼することが一番です。相続人の間で意見がまとまっていれば司法書士、もめているときは弁護士が適任でしょう。

知ッ得コラム

訃報

死亡通知のことを一般に「訃報」といいますが、時々「訃報のお知らせ」というタイトルを見掛けることがあります。

これは明らかな間違いですから注意してください。

「訃」とは人が亡くなったことであり、「報」とはお知らせのことですから、「訃報のお知らせ」というと、「人が亡くなったことをお知らせすることについてのお知らせ」という妙なことになります。

したがって、「訃報」の二文字があれば、必要にして十分の表現です。

遺産分割協議書の作成

遺産分割協議の進め方

◆遺言書がない場合

遺言書がある場合にはそれに従いますが、遺言書がない場合や、遺言書があっても遺産の一部しか指定していない場合には、誰がどの財産をどれだけ相続するかを相続人全員で話し合って決めることになります。この話し合いを「遺産分割協議」といいます。

遺産分割協議の結果、各相続人の取得分が法定相続分と異なっていたとしても、有効になります。

◆作成の目的

遺産分割協議書の作成の目的は、不動産や預貯金の名義変更等や相続税の申告書への添付の為だけでなく、相続人間における分割内容の合意・確認や、法的にも分割が終了したことを明確にするといった意味合いがあり、とても重要な書類です。

◆全員の参加

遺産分割協議は相続人全員の参加が原則で、一人でも欠けた協議は無効となり、協議内容は全員同意しなければ成立しません。

ただ、相続人が遠方に住んでいるなどで一堂に会して協議することが難しい場合は、電話、手紙等で話し合いを進めて、協議が成立したら、分割協議書への署名・捺印は郵便等で行う方法をとってもかまいません。

◆包括遺贈

少し複雑なケースに「包括受遺者」があります。

遺言で相続分の指定をする方法に

は、「土地・家は妻に」と具体的に指定するやり方と、「財産の2分の1を○○に贈る」と割合だけを指定するやり方（「包括遺贈」といいます）の二つがあります。

包括遺贈された人を「包括受遺者」といいますが、この人は、具体的に何を相続するかを決めなければなりませんので、包括受遺者も分割協議に参加する必要があります。

分割協議は家族会議でするというケースが大多数でしょうが、遺言内容や個別の事情によっては、家族以外の人を含めて遺産分割協議をすることもあります。

遺産分割協議の留意点

◆特別受益分

相続人の特定の人が生前贈与や遺贈を受けた財産のことで、これらは相続財産を受けたものとして加算して計算します。

◆寄与分

被相続人が生存中に、財産の維持・増加に寄与した相続人がいる場合に、その寄与分を総額から差引き、残りの財産を改めて分割協議するということです。

◆相続人の中に未成年者がいる場合

遺産分割協議を行う際に、相続人の中に未成年者がいるときは、未成年者は法律行為に関しては無能力者ですから、法定代理人が分割協議を行う必要があります。

父親が死亡し、その相続人が母と未成年の子の場合、未成年者の法定代理人は、通常は親権者である母になりますが、母と子は遺産の分割に

ついて利害関係ができてしまうことになるため、子の代理人として第三者の特別代理人の選任が必要となります。

特別代理人の選任手続は、家庭裁判所への申し立てをすることになります。

◆相続人の中に行方不明者がいる場合

相続人の中に音信不通で所在不明者がいたり、生死不明である場合には家庭裁判所に不在者財産管理人の選任を申し立てる方法と、失踪宣告の申し立てをする方法が考えられます。

不在者財産管理人については、不在者の財産を維持・管理する権限を有するのみですから、遺産分割協議に同意するには、さらに家庭裁判所の許可が必要になります。

相続人の生死が7年間不明のときには、親族等利害関係人は家庭裁判所に申し立てて、失踪宣告の審判をしてもらうことができます。

審判があると、失踪した人は、行方不明になってから7年間が経過したときに法律上死亡したものとみなされます。

この死亡したとみなされた人の相続人を加えて遺産分割協議をすることになります。

被相続人の亡くなる前に死亡したとみなされれば、代襲相続人と遺産分割の協議をすることになります。（代襲相続については１４１頁を参照してください）

あるいは被相続人の亡くなった後に死亡したものとみなされる場合は、失踪した人がいったん相続した後に、失踪した人について相続が発生することになります。

◆遺産分割協議が成立しなかった場合

分割協議が調わないときや、初めから協議に参加しない者がいるときは、家庭裁判所に遺産の分割を申し立てることができます。

家庭裁判所は、普通これを相続人を集めた調停手続で行い、調停が成立しなければ、審判手続きで行うことになります。

◆遺産分割の方法

遺産を分割する主な方法として以下の方法がありますが、それらの方法を組み合わせて各相続人の事情を考慮して、できるだけ公平に分割内容を決めます。

○現物分割

遺産の中の個々の財産をそのままの形で分割する方法で、遺産分割の原則的な方法です。

たとえば自宅の土地と家屋は配偶者に、預貯金は長男に、株式と別荘は次男に、というように具体的に一つずつ決めていく方法です。

○換価分割

不動産等の遺産を売却していったん現金に換えて、その売却代金を合計して改めて各相続人で分割する方法です。

（遺産の売却の場合には譲渡所得税等が発生することがありますから注意を要します）

○代償分割

一人が価値の高い財産を相続し、相続分を超えた部分を他の相続人に金銭その他資産で精算して支払う方法です。

遺産のほとんどが事業用資産で、後継者である相続人が事業継続のために大部分の遺産を取得する場合に、他の相続人はその後継者から代償として金銭その他資産を与えられるというような場合が想定されます。

（金銭以外の資産を与えた場合は譲渡所得税等の発生に注意を要します）

○共有分割

遺産の全部または一部を相続者全員が共有とする方法です。

たとえば、相続財産のうち、別荘だけは共有名義にするなどですが、分割割合を明確にしておく必要はあります。

遺産分割協議書の作成

◆話し合いがまとまったら

相続人全員で話し合いがまとまったら、「遺産分割協議書」を作成します。

遺産分割協議書は民法上、作成義務にありませんし、遺産分割協議自体が成立しないというわけでもありません。

しかしながら不動産などの名義変更や相続税申告の際にも必要となってきますし、後日のトラブルを避けるためにも合意した証拠として作成しておくことをおすすめします。

◆書式は自由

遺産分割協議書の書式については特に決まりはありません。横書きでも縦書きでも、協議書の用紙サイズ等も自由で、署名以外はワープロ作成でかまいません。

大事なことは誰がどの遺産を取得したかを、具体的に記載する必要があります。

預貯金であれば金融機関名、口座の種類、口座番号、残高を明記します。

不動産の土地であれば所在、地番、地目、地積を登記簿謄本の記載をそのまま転記する、等々です。

とはいえ、素人にはなかなか難しい作業ですから、場合によっては専門家に依頼して作成してもらうことも必要です。

具体的には、税理士・弁護士・司法書士などで請け負ってもらえます。

◆署名押印

内容をしっかり確認したら相続人全員が署名のうえ、実印を押し、日付を記載して各相続人の印鑑証明書を添付します。

遺産分割協議の結果、遺産を相続しない人も署名押印が必要です。

協議書が複数枚になるときは用紙間に相続人全員の契印（割印）が必要です。

遺産分割協議書の作成は一部でなく、相続人数分作成して各自原本を保管します。

不動産登記など名義変更手続きに必要になる場合がありますので、故人の財産状況によりますが、原本は複数作成しておくのがよいでしょう。

有価証券の相続手続きには、遺産分割協議書の（写）ではなく、原本の提出が必要なことがあり、証券会社によっては数週間を要するケースもあるからです。手続きする相手方が多数のときは注意を要します。

知ッ得コラム

空海と最澄

わが国の仏教史に燦然と輝く二大巨頭として知られる空海と最澄は、それぞれ高野山・比叡山を象徴する高僧としても有名です。

空海《くうかい》……弘法大師は讃岐の人。真言宗の開祖。

最澄《さいちょう》……伝教大師は近江の人。天台宗の開祖。

いずれも平安初期に生きた宗教者で、遣唐使に随行し留学僧としてそれぞれ中国・天台山と長安に学びました。ふたりは生涯のライバルだったといいます。

⑤ 相続税の申告

相続税の申告は10ヶ月以内に

相続税申告書作成・申告・納税…

◆被相続人の死亡から10ヶ月以内

相続税の申告と納税は、相続や遺贈によって取得した遺産額が基礎控除額を超える場合に、その超える部分が相続税の課税対象になり、申告と納税が必要になります。

したがって、正味の遺産額が基礎控除額以下であれば相続税はかかりませんので相続税の申告も納税も必要ありません。

◆基礎控除額

基礎控除額＝5，000万円＋（法定相続人の数）×1，000万円

税法では民法の場合と異なり、相続放棄をした人は、放棄はなかったものとして法定相続人の数にいれます。

死亡した人に養子がいる場合には、法定相続人の数に含める養子の数が制限され、実子がある場合には一人まで、ない場合には二人までとなります。

◆正味の遺産額

（被相続人の財産）＋（みなし相続財産）－（債務や葬式費用）

※相続財産にはお墓や仏壇など非課税となる財産は含まれません。

※被相続人からその死亡前三年以内に贈与を受けている財産があるときは、原則として正味の遺産額にこの財産の価額も加えます。

※みなし相続財産とは、死亡保険金や死亡退職金などをいい、相続税法により定められています。

●相続税の計算の順序

❶各人の課税価格の計算

相続財産＋みなし相続財産－非課税財産－債務や葬式費用の額＋相続開始前3年以内の贈与財産の額＝各人の課税価格

⇦

❷相続税の総額の計算

各相続人の課税価格の和＝課税価格の合計額

課税価格の合計額－基礎控除額（5,000万円＋1,000万円×法定相続人の数）＝課税遺産総額

課税遺産総額×各相続人の法定相続分＝法定相続分に応ずる取得金額

法定相続分に応ずる取得金額×税率－控除額＝各法定相続人ごとの算出税額

各法定相続人ごとの算出税額を合計＝相続税の総額

⇦

❸各人ごとの相続税額の計算

相続税の総額×各人の課税価格÷課税価格の合計額＝各相続人の税額

⇦

❹各人の納付総額の計算

各相続人の税額－（贈与税額控除、配偶者の税額軽減、未成年者控除等）＝各人の納付総額

※財産をもらった人が被相続人の配偶者、父母、子供（子供が被相続人より先に死亡しているときは孫）以外の場合は、税額控除を差し引く前の相続税額にその20%相当額を加算した後、税額控除額を差し引きます。

◆相続税率表（156頁参照）

相続税の金額は、どのくらいなのかを概略としてつかんでいただくために、速算表を掲載しておきますから目安としてください。

◆相続税の申告

相続税の申告は被相続人の死亡した日の翌日から10ヶ月以内に行うことになっています。

申告期限までに申告をしなかった場合や、実際にもらった財産の額より少ない額で申告をした場合には、本来の税金以外に加算税がかかりま

す。

なお、相続税の申告書の提出先は死亡した人の住所地を所轄する税務署であり、相続人の住所地ではありませんから注意してください。

◆相続税の納税

相続税の納税は、申告期限と同じく、被相続人の死亡した日の翌日から10ヶ月以内に行うことになっています。

納税は税務署だけでなく金融機関や郵便局の窓口でもできます。

期限までに納めなかったときは利息にあたる延滞税がかかりますから注意してください。

相続税も金銭で一度に納めるのが原則ですが、特別な納税方法として延納と物納制度があります。

延納は何年かに分けて納めるもので、物納は相続などでもらった財産そのもので納めるものです。

延納、物納は、申告書の提出期限までに税務署に申請書を提出して許可を受ける必要があります。

遺留分制度（遺留分減殺請求）

◆被相続人の死亡から12ヶ月以内

財産の所有者は生前の自由な財産の処分ばかりでなく、死後の財産の処分についても遺言や死因贈与により自由にできます。

しかし、たとえば遺言で全財産を特定の人に与えたりすると、残された相続人（家族）が全く財産を享受できなくなり、結果住居など生活の基盤を失って生活が脅かされることになるかもしれません。

○遺留分請求

そこで相続人が、法律上最低限取得することを保障される一定割合の相続権として遺留分制度があります。

遺留分を請求できるのは、配偶者と直系卑属（子・代襲相続の孫）及び直系尊属（父母）だけで、兄弟姉妹は請求することができません。

遺留分の割合は、父母等の直系尊属のみが相続人の場合、被相続人の財産の3分の1、その他の場合、被相続人の財産の2分の1です。

○遺留分減殺請求

遺留分を侵害される遺言が実行された場合、遺留分の枠内でその効力を否定して財産やそれに代わる金銭の請求をすることができます。

遺留分を取り戻すには、遺留分を

侵害している人に対して遺留分減殺請求をしなければなりません。

この請求は、書面でも口頭でもかまいませんが、遺留分減殺請求書を内容証明郵便で通知します。

遺留分の減殺請求をすることができる期間は、相続の開始や遺留分を害する贈与や遺贈のあることを知った日から一年間に限られています。

これらの手続きについては、行政書士、司法書士などの専門家に相談して進めることです。

＊　＊　＊

※次に相続税の税率表を掲載します。この速算表で計算した各相続人の税額を合計したものが相続税の総額になります。

■相続税の税率表

【平成19年4月1日現在法令等】

相続税の算出方法は正味の遺産額から基礎控除額を差し引いた残りの額を民法に定める相続分によりあん分した額に税率を乗じます。この場合、民法に定める相続分は基礎控除額を計算するときの法定相続人の数に応じた相続分により計算します。実際の計算にあたっては、民法に定める相続分（法定相続分）により、あん分した額を下表に当てはめて計算し、算出された金額が相続税の基となる税額となります。

基礎控除後の課税価格	税率	控除額
1,000万円以下	10%	—
3,000万円以下	15%	50万円
5,000万円以下	20%	200万円
1億円以下	30%	700万円
3億円以下	40%	1,700万円
3億円超	50%	4,700万円

知ッ得コラム

シルクロード

わが国の仏教は、かつて十三宗五十六派といわれ、天台宗・法華宗・浄土宗など多くの宗派で形成されています。今日ではさらに多くの宗派に分かれていると思いますが、インドではじまった仏教はすべてシルクロードにあります。

天山北路・天山南路を辿って中国の都・洛陽に伝えられたのは、紀元100年頃。その後、朝鮮を経由して日本に伝えられました。

近年、熟年世代を中心に、シルクロード旅行が注目されています。ある意味、日本人の原点回帰傾向といえるかもしれません。

⑥ 遺言書の書き方

遺言書の書き方について

さて、ここからは「遺言書」についての基礎知識です。

そもそも遺言（正しくは「いごん」、日常用語としては通常「ゆいごん」といいます）とは、亡くなったあとに遺族に向けて示すその人の最終の意思表示で、遺言によって死後の財産や権利について継承する人を自由に決めることができます。

遺言はただ単に紙に書いたらよいというものではなく、民法では遺言に厳格な要件を定められていますので、それによらない遺言は法的に無効となってしまいます。

以下に詳しく解説しましょう。

遺言書のメリット

◆遺言書を作るメリット

遺言書を作るメリットは以下のようなものがあります。

・相続争いを防ぐことができる
・相続させる財産に差をつけることができる
・お世話になった人などに遺産分けをすることができる
・隠し子の認知など伝えにくいことを記述することができる

特に以下のような方は遺言書を作成しておきましょう。

・法定相続分と異なる遺産分けをしたい場合
・相続人の人数、遺産の種類・数量が多い場合
・相続人同士の仲が悪い場合

・子供がいないため、配偶者と兄弟姉妹が相続人となる場合（トラブルになるケースが多い）
・相続人以外に財産を与えたい場合
・先妻と後妻のそれぞれに子供がいる場合
・配偶者以外との間に子供がいる場合
・内縁の妻に財産を残したい場合

遺言の方式

◆一般的な三方式

一般的な方式としては**「自筆証書遺言」・「公正証書遺言」・「秘密証書遺言」**の三種類があります。

特別の方式としては、危篤状態で自分で遺言が書けない人、伝染病で隔離されている人、船舶遭難時など特別の場合が規定されています。

自筆証書遺言

◆遺言者がすべて自分で書いた遺言書のこと

遺言者が自分で書いた遺言書のことで、内容の全文、日付及び氏名のすべてを自筆で書いて、押印しなければいけません。ワープロ書きなどは無効になります。

押印に使う印鑑は認印でも有効ですが、後々のトラブルを避けるためにも印鑑証明のとれる実印が一般的です。

◆何を書くか

遺言の内容、特に財産の特定は、わかりやすく正確に書く必要があります。

たとえば、いくつもの建物を所有している人が、「建物は○○に相続させる」と遺言した場合、どの建物のことを指しているのか建物すべてなのか判明せず、争いになることも考えられます。

財産を特定する際には、不動産は登記簿記載どおりに記載し、預金の場合は支店名及び口座番号を記載するなど、後日争いにならないように明確に書く必要があります。

◆内容に訂正を加えたいとき

書き間違えや追加で書きたいことが出てきたときは、複雑なルールに従って行う必要がありますので、重要な変更・追記があるときは新たに遺言書を作成した方がよいでしょう。

・遺言書の訂正箇所に、加入の場合は︿のしるしを付け、削除・訂正の場合は原文が判読できる

ように二本線で消して、正しい文言を記入する

・変更した箇所に、遺言書に押印した同一印鑑で押印する

・変更した部分の欄外に「本行○字加入○字削除」というように付記するか、遺言書の末尾に「本遺言書第二項第三行目『○○○』とあるのを『○○○』と訂正した」などのように付記する

・付記した箇所に、遺言者本人が署名する

◆家庭裁判所の検認

遺言者にとっては、遺族が遺言書を見つけられなかったり、破棄されたりしてその遺言内容が確実に実現できない恐れがあります。

そもそも、その「存在」が遺族に知らされていなければ、遺言者の意思は実現できませんから、よくよく考えておく必要があります。

また、遺言者死亡後自筆証書遺言を見つけたら、開封せずに家庭裁判所で検認を受けなければなりません。

検認とは、一種の証拠保全手続きで、遺言書の存在と内容を認定してもらうものです。

公正証書遺言

◆最も信頼できる方法

公正証書によってする遺言のことで、遺言の中で最も信頼できる方式であるといえます。

遺言者は、遺言者が選んだ証人二人以上を立会人として、法務大臣から任命された公証人の面前で口述します。

知ッ得コラム

戒名について

「戒名」とは、本来は仏門に入り、戒律を守るしるしとして与えられるものですが、そこから転じて、死後に出家したとみなし、死者に戒名を与える風習が生まれました。

宗派によって異なりますが、普通は在家信者を意味する「○○信士」「○○信女」となります。

時に「居士」「大姉」さらには「大居士」などといい、また、文字数の多少や「院」「殿」などが付くとか付かないとか、まるで死者にまで「ランク付」があるかのような感があります。

公証人は遺言者が口頭で述べた遺言の内容を正確に文章化し、遺言者と証人が確認した後、遺言者、証人、公証人が署名・押印すれば公正証書遺言が完成します。

そしてその遺言書の原本を公証人役場で保管しますので最も安全で確実な遺言書です。

秘密証書遺言

◆遺言の内容を秘密にしたいとき

遺言の内容を秘密にしておきたい場合には、秘密証書遺言を作成するという選択肢があります。

公正証書遺言と同じように公証人役場で行うのですが、遺言書の内容を密封して、公証人も内容を確認できないところが相違点です。

したがって遺言内容の秘密は守れますが、公証人が遺言書の内容を確認しないため、形式不備などで遺言が無効になる可能性があります。

手続きとしては遺言の内容を記載した証書に遺言者自らが署名、押印し封入密封して、証書の押印と同一印鑑で封印します。

この場合の印鑑は認印でも可能ですが、やはり実印が一般的です。

その上で、二人以上の証人を連れて公証人役場で秘密証書遺言である旨を申し出て公証人に秘密証書遺言としてもらいます。

遺言者死亡後、秘密証書遺言は自筆証書遺言と同様に、開封せずに家庭裁判所で検認を受けなければなりません。

◆あまり利用されない理由

実際問題としてこの秘密証書遺言の方式はあまり利用されていないのが現状のようです。

遺言内容を秘密にできるというメリットはありますが、その内容は自分自身が作成するので、法的に無効になる恐れがあったり、公証人役場での手続きの煩雑さなど、他の方式と比べて利点があるとはいいがたいからです。

⑦ 弁護士への相談

弁護士、司法書士、行政書士、税理士への相談

第3章で解説したように、葬儀が終わると、さまざまな手続きや申請をしなければなりません。

遺産相続や名義変更には複雑な面もあり、トラブルを引き起こしてしまうことも考えられます

法律の知識が必要なときには、弁護士や公共の法律相談機関などに相談しましょう。

また、煩雑な手続きは司法書士、行政書士、税理士に依頼し手続きなどを代行してもらうとよいでしょう。

依頼する場合はそれなりの費用もかかりますので、あなたの現在の状況にとってどの専門家が適切か、信頼できるかを十分検討し専門家を選びましょう。

昔から「医者と坊主はそれぞれ一人ずつ親類か友人にいると便利」などといいますが、弁護士・司法書士・税理士・行政書士も、ここに追加しておかないといけないかもしれません。

弁護士に依頼する場合はどんなとき?

◆争いごとが起きたとき

争いごとや複雑な法律相談、遺言の内容に納得がいかない、遺産分割の折り合いがつかず争いになった等々、遺産分割でのもめ事など、円満な遺産分割協議ができそうもない場合は、法律的な観点から現状を把握して、解決へと導いてくれます。

すなわち、「もめたとき」には弁護士の担当領域です。

普通の人はあまり弁護士とのおつき合いはないでしょうから、地元の弁護士会や市民相談窓口などを経由して適当な弁護士を紹介してもらうとよいでしょう。

もちろん費用はかかりますが、基本的な費用は弁護士会規程で定められており、どの弁護士に依頼しても基本的には同じです。

司法書士に依頼する場合はどんなとき?

◆不動産の名義書換えなど

不動産の名義書換え、調停手続のサポート、土地や建物を相続により所有することになったが、名義変更や法務局での手続きが必要だというときなどの場合には、登記の専門家である司法書士が代行してくれます。

また裁判所への提出書類など必要書類の作成や調停のサポートも行ってくれます。

司法書士も、かかる費用などは弁護士とほとんど同じです。

行政書士に依頼する場合はどんなとき?

◆遺産整理の手続きをするとき

遺産整理の手続きを代行してもらいたいなら、基本的には行政書士の領分です。

細かい役所への手続を代行して欲しいとか、相続問題で特に争い事があるわけではないが、法律に添ってきちんとしておきたいとか、相続税がかからない遺産の整理などの相談ができます。

税理士に依頼する場合はどんなとき?

◆税務に関する専門家

税務申告に関する専門家が税理士です。

生前の所得税のことや、相続税の節税のこと、また贈与税はかかるのかなど、税理士は税務全般の専門家ですから、財産価格を調べて相続人にとって有利な財産の処理方法をアドバイスしてくれます。

税理士を探すときは、地元の税理士会または市役所の相談コーナーなどに問い合わせるとよいでしょう。

⑧ エンディングノート

最近注目されている方法です

自分に万が一のことが…

◆現代版の遺書として

自分に万が一のことが起こったときのために、伝達したいさまざまな事項をまとめてノート形式で記入しておくのが最近注目されている「エンディングノート」です。

「エンディングノート」を書いておくと、自分が死んだり、呆けてしまったり、病気や怪我で意識不明になってしまったりしたとき、葬式や介護・延命治療について、どのようにして欲しいか、家族など周囲の人にとって、当人の意向がわかりますので大変役に立ちます。

また直接伝えにくい事柄も、ノートに記載しておくことで、確実に伝えることができます。

つまり、相続についての法的拘束力を目的とする遺言書とは異なり、形式にとらわれずに、自由で率直な気持ちを書き残しておくノートといってよいでしょう。

どんなことを書くのか

◆自由に書く

このノートでは、まず最初に自分の人生を振り返り、家族も知らない子供時代のこと、家族に対する思い、そしてこれからやりたいことなど、自分自身のことについて書きます。

◆葬儀やお墓の希望

次に、自分の葬式をどうしたいか

を考え、自分自身の葬式やお墓などを設計していきます。

最近では、従来の形式にとらわれないで、その人の趣味や趣向を凝らした「その人らしい」さまざまな葬儀が行われるようになりました。

そして、お葬式に呼びたい友人知人の連絡先を書き記し、参列していただいた人へお礼の手紙まで用意する人もいます。

◆保険や銀行のこと

また、残される家族のためには、保険契約の要点、保険証書の保管場所や銀行口座についての記録も残します。

そして、先に触れたライフラインの名義リストや自動引落しされるさまざまな支払い一覧なども整理しておくと役に立つでしょう。

◆臓器提供や献体の意思表示

それから最後に、ガンなどの告知や延命治療、介護、あるいは遺体の医療機関への献体、臓器提供の意思などについても考え、希望を書いておきましょう。

◆素直な思いを伝える

エンディングノートには法的拘束力はありません。しかし、素直な気持を書き記すことで、残された家族に思いが伝わることでしょう。

知ッ得コラム

神父と牧師

カトリック教会で司祭のことを「神父」といいます。また、「牧師」とはプロテスタント教会の役職で、牧会とか司牧ともいいます。

仏教でもそうですが、同じキリスト教でも宗派により祭祀方法や式次、呼称などが異なりますから注意が必要です。

また、カトリック（旧教）は、ローマ法王を盟主とするローマ・カトリック教と、ギリシャ及びロシア正教とに区分されます。教義はだいたい共通です。

一方、プロテスタント（新教）とは教義が異なっています。

第6章

お墓の基礎知識

- ●お墓とお仏壇、必須なのはどっち?
- ●お墓は「家」のシンボル
- ●お墓不要論の登場
- ●法律ではどう定めているのか?
- ●どんな墓地があるのか?
- ●あなたはどんな墓地が理想ですか?
- ●スタイルは本当にさまざまです
- ●知っておきたいお墓の原則

① お墓の意味

お墓とお仏壇、必須なのはどっち？

お墓のことが済めば、一連の仕事は一段落です

◆お墓選びは慎重に

ここまで葬儀に関する基礎的な知識について、縷々《るる》ご説明してきましたが、さて、最後のパートは「お墓」です。

既に第2章の最後のところ、「埋葬と納骨」で少し触れましたが、一連の葬儀に関わる行事も、「お墓」のことが済めば一段落となります。

ただ、「お通夜」とか「告別式」など一時的なイベントと異なり、「お墓」だけは、将来の長きに及び影響がある話ですから、慎重に検討すべきテーマです。

その意味で、ここで独立の章を設けてじっくり考えてみたいと思います。

◆お墓のない仏様

さて、つい最近までは、どこのおうちにもお墓は必ずあって、毎年「お彼岸」とか「お盆」になると、家族揃って「お墓参り」に墓地を訪ねるというのは当たり前の年中行事でした。

「帰省ラッシュ」とか、「お盆休み」という言葉が新聞やTVのニュースに登場するのも、ある種の季節的・国民的・日本的な「普通の」出来事だったといえるでしょう。

ところが、近年、その「普通が普通でもなくなって来た」といっても過言ではありません。

お墓のない仏様も、最近特に都会では多くなっています。何故でしょうか。

改めていうまでもなく、核家族化や少子高齢化、そして土地価格の上昇や墓地絶対数の不足などが要因ですが、大きくいえば人々の「価値観」の変化も根底にあるようです。

その辺りの事情を含めて、第6章では、「お墓」に関する基礎的な知識を、順を追って整理することにしましょう。

そもそもお墓とは?

◆祈りの場として

そもそもお墓とは何か、といえば、遺族が年に数回、故人を偲んで「お参りする場所」または感謝の心で安らかな眠りを「祈る場所」といえます。

では、お仏壇とは何が異なるのでしょうか?

お仏壇も同じように「お参りする場所」であり、「祈る場所」なのですから、どちらか一方があれば、他方は不要ではないのか? という素朴な疑問が湧いて来ます。

昔、TVでこんなCMがありました。

「おばあちゃんは、お墓とお仏壇のどっちにいるの?」。

小さな子供の、この疑問にどう答えたらよいのでしょうか?

実は答えは簡単です。

「おばあちゃんはどこにもいない」のですから……。

◆お墓とお仏壇

ただ、民俗的観点からいうなら、「お墓は遺骨を納めるところ」であり、「仏壇は毎日の供養の場所」ということができます。

つまり、端的にいえばハートの問題ですから、お墓とお仏壇のどちらが身近で、どちらが日常に欠かすことができないのかと、素直に考えたらよいのではないかと思います。

もちろんそこには費用の問題もあります。

お墓は数百万円、お仏壇なら数十万円ですから、その点だけでいっても、やはりまず準備すべきはお仏壇のほうでしょう。

お墓については「ゆっくり」検討することが大切で、決して慌てる必要はありません。

一般的には一周忌までに用意すれば十分です。

したがって、ここではまずお仏壇の平均的な価格を一覧表にして次頁にご紹介しておきます。

■上置型仏壇の平均的な値段

	高(cm)	幅(cm)	奥(cm)	価　格
桜	50	39	26	36,000円
桜　京型	62	50	40	65,000円
黒壇	55	43	31	78,000円
黒壇　欄間付	61	45	32	98,000円
紫壇　組子障子付	62	49	40	198,000円
黒壇　障子付	70	54	45	250,000円
金仏	70	53	38	290,000円
紫壇　笹	76	60	44	350,000円
紫壇　花障子	86	66	52	350,000円
金仏	85	61	48	490,000円
黒柿　総ムク	70	50	43	790,000円

■台付き仏壇の平均的な値段（半間仏間用）

	高(cm)	幅(cm)	奥(cm)	価　格
黒壇	122	60	42	169,000円
桜　花障子	155	61	49	198,000円
紫壇　欄間付	137	66	47	250,000円
黒壇	146	57	53	290,000円
紫壇	155	63	46	350,000円
月桂樹	150	57	45	450,000円
欅	161	63	58	490,000円
金仏　京型	158	62	48	590,000円
黒壇	167	69	65	680,000円
黒壇　天山	167	69	61	1,180,000円

■台付き仏壇の平均的な値段（一間仏間用）

	高(cm)	幅(cm)	奥(cm)	価　格
黒壇	174	101	70	1,690,000円
黒壇　福寿総ヒネリ	179	99	79	4,900,000円

出典：東京都生活文化局　平成14年調べ

② お墓と家

お墓は「家」のシンボル

家を継ぐ人

◆なぜ「○○家の墓」なのか？

よく、「俺が死んだらうちの墓を守るのはお前なんだぞ」などと聞くことがあります。

「長男なんだから家族を代表する」意識、または「長男が家を相続する」意識、あるいは「長男こそが家系の継承者」意識というものが、連綿としてわが国には存在する証といってよいでしょう。

そのため、ほとんどの日本のお墓には、「○○家」と書かれています。故人の「氏名」ではなく、「家名」です。

これは日本だけの習慣で、諸外国にはあまり例がありません。考えてみれば不思議な話です。

また、「○○家先祖代々の墓」などと書かれた例もあります。いずれにせよお墓は「個人」でなく、「家」が中心になっているようです。

同じようにお仏壇も、その対象となっているのは「個人」ではなく、「先祖代々」であり、「家系」であり、「家」です。

すなわち、わが国の伝統的思想からいえば、お墓とは、亡くなった個人が眠る場所であるだけでなく、「家のシンボル」ともいえる存在なのです。

③ 変化するお墓の位置付

お墓不要論の登場

お墓なんか要らない！

◆近年の大きな変化

このように、日常生活的には、各々のお宅にあるお仏壇に各々でお参りし、通常なら年に四回、春と秋のお彼岸・お盆・命日には、一族揃ってお墓にお参りする、という姿が、従来の最もノーマルなお墓の位置付けということになります。

ところが近年では、大きな変化が見えてきています。

すなわち「お墓不要論」です。

○普段祈る場所（お仏壇またはお位牌など）が自宅にあれば十分ではないか。

○遺影を飾っておくだけでもいいくらいだ。

○先祖代々といったって俺はまったく知らない人たちだぜ。

○第一、遠い田舎のお墓に行くのは、時間も費用も大変だよ。

○といって、都会じゃ新しくお墓を買うのもお金がかかる。

○田舎のお寺さんに、当分の間、預かってもらえばいいんじゃないの？

○「散骨」っていうのかな。わしが死んだら遺灰は海にでも撒いてくれ。

○長男の義務というけど、私は一人っ子です。

○そのうえ私は単身者で、お墓を引き継ぐ子供もいませんから。

○所詮死んだあとのことなんて……。

……このように考える人々が増えて来たのは、確かな事実です。

お墓に関するさまざまな言い伝え

◆「墓相」に根拠はあるか？

一方、古くからお墓にまつわるさまざまな言い伝えが土地土地にはあり、あるいは宗旨宗派によってもあって、私たちはこれを迷信ととらえるのか、あるいは真実と考えるべきか、普通のセンス、平均的現代人の考え方からは困ってしまうこともしばしばです。

○お墓には「墓相」というものがあり、「墓相」が悪いと家が滅びることになる。

○お墓の見える場所に家を建てては縁起が悪い。

○墓地が満杯で敷地に余裕のないお寺はダメ。

○墓石のない家は、いずれ家運が尽きる。

○陽当たりの悪いお墓は家の繁栄が期待できない。

○お墓を勝手に改造したり移築すると罰が当たる。

○二代以上続いた家が、宗旨や宗派をむやみに変えると家が衰える。

○墓は家の根本であって、単なる骨の捨て場ではないし、ただの石ではない。墓を大事にしない家は滅びる。

……このような話を、親戚の長老などから聞かされたひとも多いことでしょう。

困ったことに人間は弱い生きものですから、科学的根拠があろうとなかろうと、そういわれると気になることも否定できません。

どれも一つの考え方ですから、何が正しく、何が間違っているか、一概に断定することもできませんし、地方独特の伝承や解釈もあります。

また、宗旨・宗派によっても、考え方に微妙な相違があります。

ともあれ「気になる」ことは、なるべく解消しておくほうが無難です。

法律ではどう定めているのか？

墓地埋葬等に関する法律

◆原則「火葬」

さて、わが国には「墓地埋葬等に関する法律」（墓埋法）という法律があります。

墓埋法によれば、埋葬手順としては大まかに次のような段取りが決まっています。

すなわち、基本的には誰でも最後には「お墓」へと辿りつくことになるのです。

①死亡 ⇦ ②死亡診断書 ⇦ ③火葬許可証 ⇦ ④埋葬許可証 ⇦ ⑤墓地（寺院・自宅・散骨など）

わが国の法律では、原則的には、遺体は必ず火葬しなければなりません。

土葬も許されないわけではないのですが、衛生上の観点から、今日では、条例で土葬を禁じている自治体が大半で、事実上、わが国においては土葬することはできないと考えるべきでしょう。

また、遺骨の埋葬については、どこに埋葬してもよいわけではなく、法律と条例で以下のような決まりがあります。

埋葬の基本条件

○いくら広い庭があっても、勝手に自宅に埋葬してはいけない。
○所有する山林に埋葬することもできない。
○埋葬できる場所は都道府県知事が許可した墓地だけ。
○遺骨を自宅に安置することはOK。
○お寺様に遺骨を預けることはよい。
○遺骨をそのまま撒く（散骨）ことはできない。ただし、一定の遺骨処理を行えば可能。

また、都道府県知事が許可するときの墓地の条件としては、次の三要件があります。

○病院・住宅・学校などからの距離が100m以上あること。
○海・川・沼からの距離が200m以上あること。
○飲料水を汚染する恐れのない土地であること。

これらの基準をクリアする必要があります。

知ッ得コラム

後天運

人が生まれながらに持っている運を「先天運」といい、後天運とは、人が生まれて以降の「運」のことをいいます。

「風水」の思想では、後天運を決める元は、次の五項目とされています。

・墓…墓を大切にする
・霊…仏壇や神棚、祠
・施…施し、ボランティアを行う
・功…仕事で功績を上げる
・印…印鑑のこと

即ち、「お墓」を大事にしない人が、いくら印鑑の吉相に凝ってもダメですよ、という教えです。

⑤ 墓地の種類

どんな墓地があるのか？

公営・民営・寺院墓地

一般的な分類として、墓地には次のような三種類があります。

公営墓地の特徴

◆募集は不定期

各都道府県や市町村が管理運営している墓地です。比較的安価で、住民票があれば原則誰でも利用できます。しかし、最近は土地の制限などもあって数が少なく、募集する機会が減っています。

また、自治体によっては、いくつかの応募条件を定めているケースもありますから、問合せが必要でしょう。

普通は役所の広報誌紙または一般新聞などを通じて募集されます。

希望者が多ければ、当然ながら抽選となります。大都市にあっては、最近はなかなか狭き門といえるでしょう。

民営墓地の特徴

民営墓地にはいくつかの事業主体があります。

○財団法人
○宗教法人
○その他

最近よくある「霊園」は、ほとんどの場合、名目的には宗教法人が事業主体となっていますが、その資金は、土地開発会社、石材店、葬祭会社、私鉄企業などが出資しています。

■お墓の値段（永代使用料）

●公営墓地の例

	面　積	永代使用料
一般墓地（都営八柱霊園）	4㎡	636,000円
	5㎡	795,000円
	6㎡	954,000円
芝生墓地（都営八王子霊園）	4㎡	592,000円
壁型墓地（都営八柱霊園）	—	773,000円

出典：東京都生活文化局　平成14年調べ

●民営墓地の例

	面　積	永代使用料
郊外型霊園（所沢聖地霊園）	2.5㎡	1,190,000円
	3.6㎡	1,700,000円
	7.5㎡	3,530,000円
	10㎡（芝生特別）	7,500,000円
都心型霊園（高輪メモリアルガーデン）	0. 45㎡	980,000円
	0. 54㎡	1,180,000円
	0. 81㎡	1,780,000円

出典：東京都生活文化局　平成14年調べ

したがって、実質的な出資者が信頼できる企業かどうかは、ぜひ確認しなければなりません。

民営墓地は購入資格が必要なく、誰でも購入できるという点が最大の特徴です。

生前に購入しておくこともできますし、宗旨宗派は問いません。

また、その多くは郊外型・公園型で、景観にも配慮があって、緑の多いゆったりしたスペースの中に墓地が形成されています。

ただ、土地に余裕がある分、その購入費用は、公営墓地に比べて高価なことは否めません。

購入にあたっては、費用だけでなく、交通アクセス・立地環境・管理レベル・サービス内容・トイレ等の設備内容など、多角的な視点から比較検討することが大切です。

寺院墓地の特徴

古くからの檀家でなくとも、新しく寺院に墓地を求めることは可能です。その場合の条件としては、

○宗旨・宗派が一致すること
○檀家になること
○継続して寺院とおつき合いすること
○個人としてのみならず、一家として、家族として、長く寺院とおつき合いすること

……などが一般的な前提条件となります。

最近では、特に大都市圏にあっては、公営・民営墓地の絶対的な不足状況を反映して、例外的に、「宗旨・宗派は問いません」とか、「在来仏教」である限り、「檀家でなくてもかまいません」と表明して新規に募集する寺院墓地もないではありません。

これとは反対に、紹介者がなければ認めないとか、住職との事前面談、あるいは職業・収入などの身元調査を義務付ける例もあります。

いずれにせよ、「要確認」といえます。

知ッ得コラム

千の風になって…

足掛け二年以上にわたってヒットした楽曲では、「私はそこにいません」、「風になって、星になって」と歌われました。死者に対する鎮魂の想いが、多くの人々に共感を以て受け入れられたのでしょう。

風になるか、あるいは星になるかは誰にもわかりませんが、木っ端微塵という言葉があるように、仏教では、「極微《ごくみ》」といって、物理学でいう素粒子レベルにまで限りなく小さく、細かくなっていくという考え方があります。

⑥墓地選びのポイント

あなたはどんな墓地が理想ですか？

墓地のＣＭ

◆何を信じるか？

昔はちょっと考えられないことでしたが、最近は大規模霊園や、葬祭会社でもＴＶやラジオでＣＭを流すことが増えています。

○緑のなかの公園タイプの霊園です！
○富士山が見える環境豊かな立地が自慢の……
○都心からの交通アクセス抜群の……
○終焉の地は早めに定めておきたい……
○地域の名刹××寺が今回だけの限定販売……

などといってＰＲに余念がないかの如くです。

「墓地が目移りする……」というのも不思議なものですが、一体何を基準として信じたらよいのでしょうか？

交通アクセス

◆よく考えて決めたい

まずは場所です。いくら眺めが抜群といっても、自宅からあまりに遠距離では、参拝の機会が多くは望めません。時間だけでなくお金もかかります。

「故人の好きだった富士山がよく見える場所……」という考え方は、一見合理的で愛に満ちているようですが、第2章で説明した「個人墓」ならともかく、「家族墓」の場合には、よくよく検討すべきです。

墓地探しの手順

墓地探しの手順は以下のとおりです。

①家族一同の話し合い
↓
②情報収集
↓
③現地の下見
↓
④墓地の決定
↓
⑤契約申し込み
↓
⑥石材店選び
↓
⑦墓石形式の決定
↓
⑧工事
↓
⑨埋葬手続き
↓
⑩開眼供養

遺族の住所地からあまりに遠方では、お墓参りもままなりません。自然に「足が遠く」なれば、仏様

知ッ得コラム

卒塔婆（そとうば・そとば）

卒塔婆または卒都婆とも書きますが、これはstupaという梵語の音写で、充てられた漢字それ自体には意味がありません。地域により板塔婆ともいいます。

上部を塔形にした細長い木板で、梵字・戒名・経文などを書いて、追善供養のためにお墓に立てます。

追善法要のとき菩提寺の僧侶に書いていただきますが、一般に3,000円前後を「卒塔婆料」としてお寺様に納めます。

も寂しいことでしょう。

すなわち、将来そこに入ることが予想される人たちのことこそ、きちんと考えて選択しなければなりません。

情報収集

◆クチコミも大切に

右に挙げたとおり、墓地探しは、まず「家族一同の話し合い」からスタートするのは当然ですが、第二のポイントは「情報収集」です。

最近は、新聞の折込チラシでも「墓地募集広告」を見掛けるようになりました。

カタログやパンフレットなど、とにかくできるだけ多くの情報を集めましょう。

注意すべき点は、カタログのでき栄えや豪華さに惑わされてはならない、ということです。

その意味では、友人・知人・先輩・長老・墓地購入経験者などからのクチコミも重要な情報源といえます。

現地の下見

◆複数で下見に行こう

必ず必要なこと、それが「現地の下見」です。

カタログやパンフレットの謳い文句だけで墓地を決めてはいけません。

これから「長いおつき合い」がスタートするのですから、じっくり現場の下見をしておきたいものです。

実際にこの眼で見るのと写真や図面だけで判断するのとは、想像以上に大きな相違があります。

特に、墓地周辺の環境や景観など、図面や写真だけではわからないことがたくさんあります。

また、下見は単独ではなく、家族など、できるだけ複数で行くべきでしょう。

人が違えば視点も違ってきます。一人では気がつかないことも多いものです。

⑦ 墓地のスタイル

スタイルは本当にさまざまです

公園型墓地

◆ポピュラーな形式

最近の最もポピュラーな形式です。手入れがよく行き届いた芝生の中に点在する小さめの墓石。小奇麗なトイレや、法事もできる集会室などの付帯施設もあって、季節の草木も美しく色彩られています。

管理料が比較的高価な分、環境的にはほとんど文句なしでしょう。

○経営母体がしっかりしているか？

○永代使用料は適切か？

○管理料は適切に設定されているか？

○管理内容・管理レベルは必要にして十分か？

○トイレ・駐車場・集会施設などの付帯設備は十分か？

○特殊な契約前提条件などはないか？

○墓石の設計・デザインに制約はないか？

○周囲の環境条件はどうか？

○周辺地域住民の評価・評判はどうか？

……主な判断材料は前記のとおりです。

芝生墓地

◆明るいイメージ

民営墓地なら、近年ほとんどの墓地で採用されているスタイルです。囲いがなく、墓石も小さめですから、開放感があります。従来型と比べて明るいイメージがありますから、

若い世代などには人気があります。春のお彼岸には、お花見を兼ねてピクニック気分が味わえるかもしれません。

ただし、次のような否定的な意見もありますから、承知しておきましょう。

○墓地らしい威厳がない
○欧米スタイルのマネだ
○日本の風土にマッチしない
○卒塔婆が立てられない
○墓参りに来た気がしない
…など

壁面タイプの墓地

◆都市で人気

公園型墓地に比べて比較的安価で、省スペースで済むことから、都市近郊では人気のスタイルです。

壁面にずらりと並んだ小さなプレートが墓石となります。

プレートに故人の名前や死亡年月日など、必要事項を刻印するだけですから、大型の墓石製作や工事は不要です。当然ながら工期も短く済みます。

通常なら、壁面プレートの直下にお骨を埋葬する小さなスペースが用意されているはずです。

○公園型・芝生型との価格差
○プレートの位置
○お骨の埋葬位置
○壁面のデザイン
○埋葬スペースの広さ

……判断材料としてはこれらが列挙できます。

納骨堂

◆ロッカー式と仏壇式

納骨堂とは、遺骨を預け、保管してもらう専門施設のことです。

つまり、「埋葬する」という概念とは異なりますから、厳密にいえば「墓地ではない」というべきですが、当然ながら省スペースで済みますから、安価です。

①ロッカー式

文字どおりロッカー・スタイルの納骨堂です。「クリプタ」と呼ばれ、キリスト教会の地下に整備されているケースもあります。

また、狭いスペースを有効活用するため、自動的に制御された倉庫方式で管理する最新システムを導入した例も増えてきました。

②仏壇式

狭いアパート・マンション世帯に住む人のために考えられたスタイルです。

すなわち、集合型お仏壇ともいえる方式で、ロッカー式ではあまりに味気ない、と考える人には人気があります。

自宅にお仏壇を用意できない場合には、確かにこのスタイルも有益でしょう。

永代使用権

◆墓地は買うのではない

ところで、よく「墓地を買う」といいますが、正確には「土地を買うのではない」ことをきちんと理解しておく必要があります。

すなわち「永代使用権」です。

「永代使用権」とは、自宅の土地などのように「所有」するのではなく、「専用使用する権利」のことです。したがって、お墓を持つということがイコール土地所有に関する税金を払うことにはならない、ということでもあります。

これを換言するなら、「分譲」する、「購入」するといっても、その代金は「永代使用料」であって、「所有代金」ではない、ということです。

誤解しないよう注意してください。

さらに年間の維持管理料金も必要です。清掃・花壇整備・草取りなどの費用です。

■お墓の管理料

●公営墓地の例

	面　積	管理料（年一回）
一般墓地（都営八柱霊園）	4㎡ 5㎡ 6㎡	2,480円 3,100円 3,720円
芝生墓地（都営八王子霊園）	4 ㎡	3,760円
壁型墓地（都営八柱霊園）	—	1,750円

●民営墓地の例

	面　積	管理料（年一回）
郊外型霊園（所沢聖地霊園）	2.5㎡ 3.6㎡ 7.5㎡ 10㎡（芝生特別）	4,250円 6,120円 12,750円 19,000円
都心型霊園 （高輪メモリアルガーデン）	0. 45㎡ 0. 54㎡ 0. 81㎡	12,000円 12,000円 12,000円

出典：東京都生活文化局　平成14年調べ

知っておきたい お墓の原則

お墓の構造、和型・洋型

以下、お墓の基本的な構造について見ていきましょう。

一般に、お墓は「和型」と「洋型」に区分できます。

和型（仏教型）

◆わが国独特のスタイル

わが国独特のスタイルを「和型」といいます。独特とはいっても、基本的には「仏教型」です。

昔は、「五輪塔」や「多宝塔」なども多く見られましたが、最近ではいわゆる「和型三段型」が一般的になりました。

「和型三段」は、三つの石から構成されます。上から順番に「棹石」、「上台石」、「下台石」といいます。「棹石」は「仏石」ともいい、聖なる石、即ちお釈迦様の石です。

また、先に触れた「墓相」の考え方からは、次のように考えます。

○棹石＝天の石
○上台石＝人の石
○下台石＝地の石

納骨するのは、地面に接する石、即ち「芝石」の下の「納骨棺」で、「カロート」と呼ばれます。

関東・関西でカロートの構造には若干の相違があります。関東はコンクリートで全体を囲みますが、関西では底部分は土のままとします。「大地に帰る」という考え方がその根底にあるのでしょう。

平均的なサイズのカロートでは、5～8柱のお骨が納められます。

墓石の意味

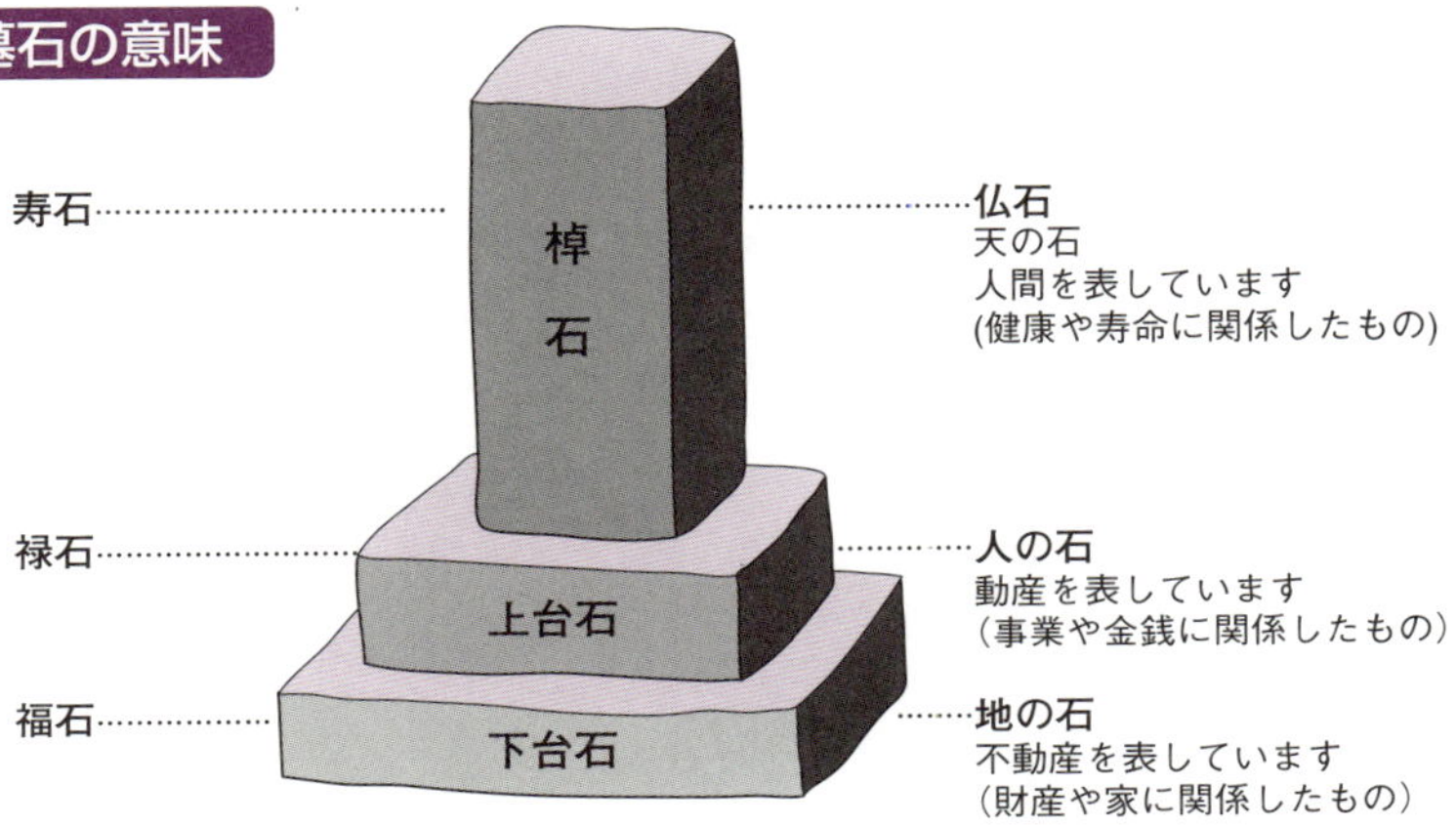

カロートの造りの違い

・関東のカロート

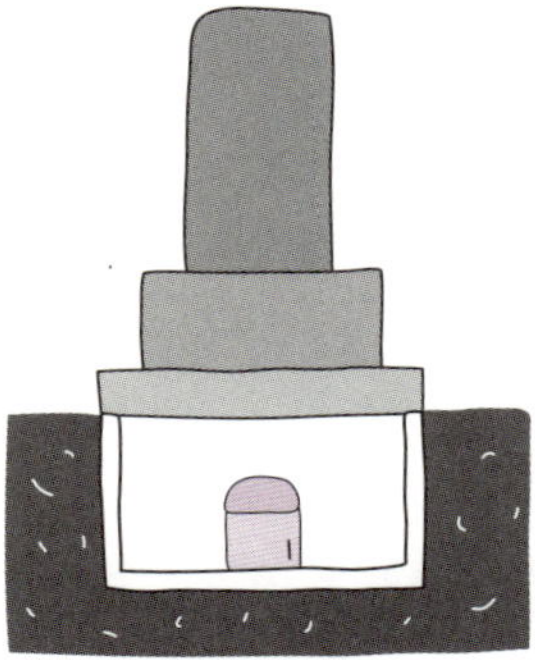

土に返ることはない

・関西のカロート

数年で土に返る

お墓の基本的構造

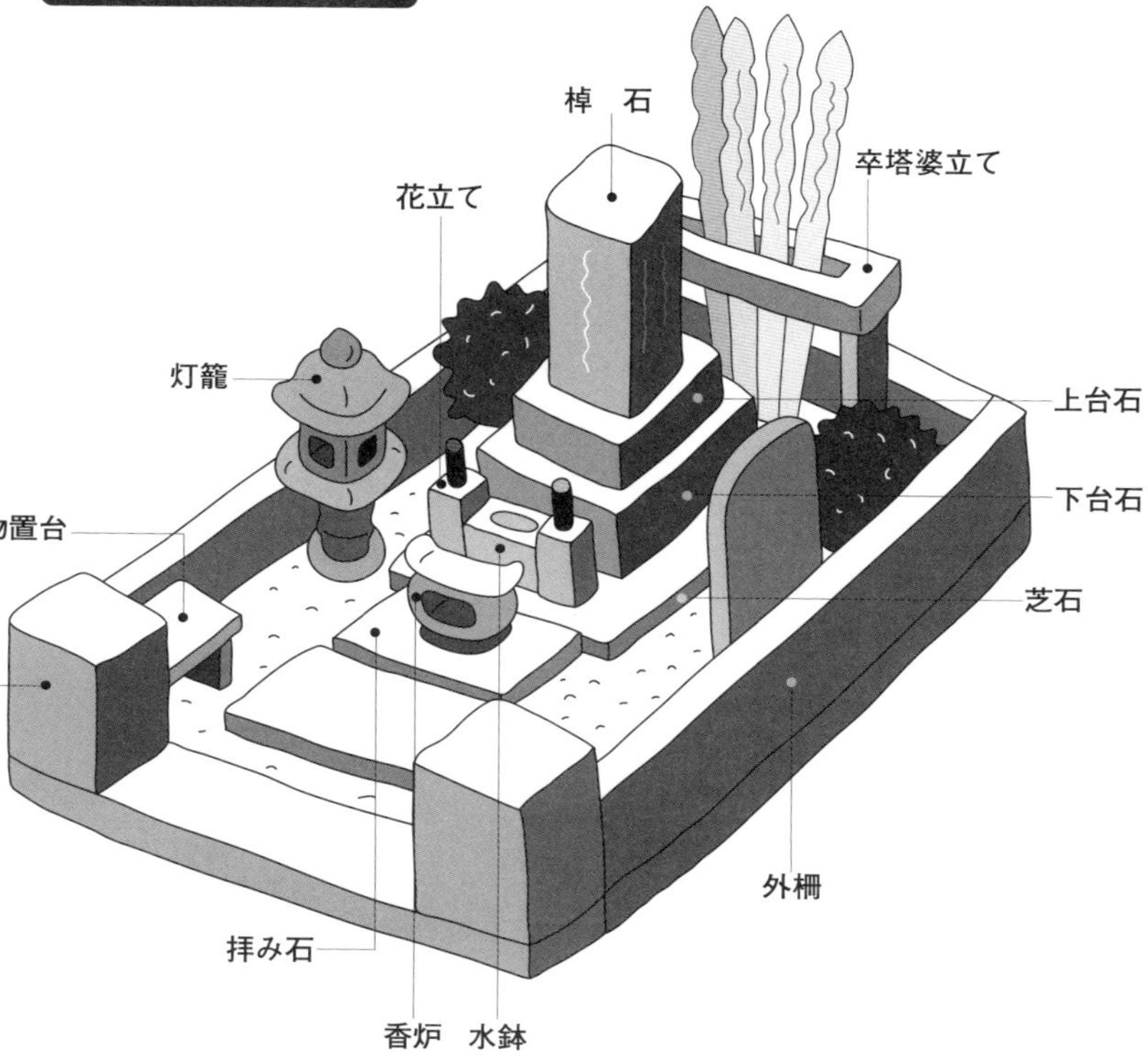

五輪塔その他

お墓を構成するその他の要素としては、

○外柵＝囲い・門柱など
○付属品＝墓誌・拝石・敷石・物置石・玉垣・割石など
○祭具＝花立て・線香立て・卒塔婆立て

などがあります。

また、「五輪塔」といって、仏教でいう宇宙観、森羅万象の象徴を示す五大元素を様式化した「塔」を建てることもあります。

五大元素とは、上から順に「空・風・火・水・地」です。ここに「梵字」でこの五つの文字が書かれます。

昔の大名とか高僧のお墓だけに許された特殊なお墓の形態と思ってい

日本のお墓の変遷

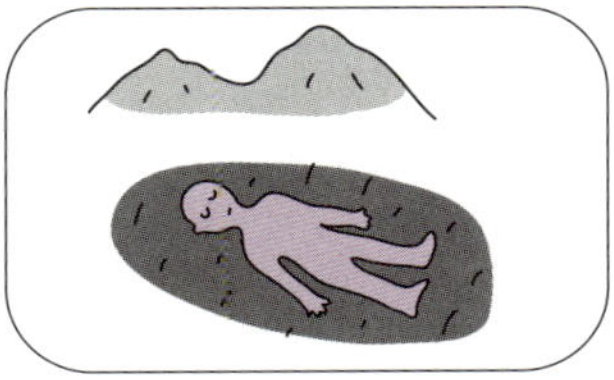

平安時代までは一般庶民の遺体はそのまま放置されることもありました

一般人の遺体を供養する習慣になったのは室町時代の頃からといわれます

江戸時代に入ると現在のような墓石が見られるようになりました

明治時代に入ると土葬から火葬に移り、墓石も和型二段が多くなりました

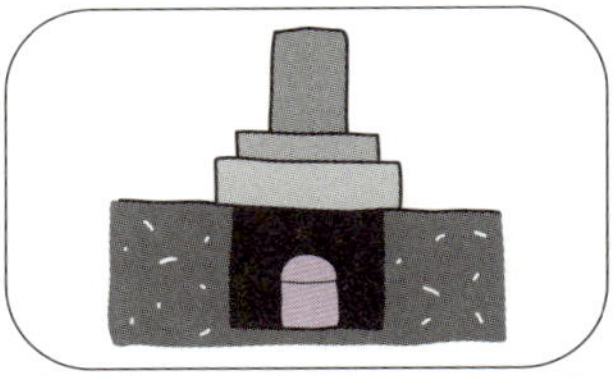

現代の墓石で一般的なスタイルは和型三段が定着しています

近年は洋型墓地も多くの人の支持を得ています

る人もいるようですが、そうではありません。今日でも時々見かけることがあります。

いずれにせよ、お墓は長い期間にわたって受け継がれ、歴史を刻んでいくものですから、慎重に考えて建墓したいものです。

洋型（自由型）

霊園などで最近多い「洋型」の場合には、日本仏教の考え方に従って作られる「和型」と異なり、ほとんど決まりがありません。

洋型＝自由型といってもよいでしょう。

「キリスト教型」というものもスタイル的には特に決まりはありませんが、「○○家」つまり「合祀型」

洋型の墓石いろいろ

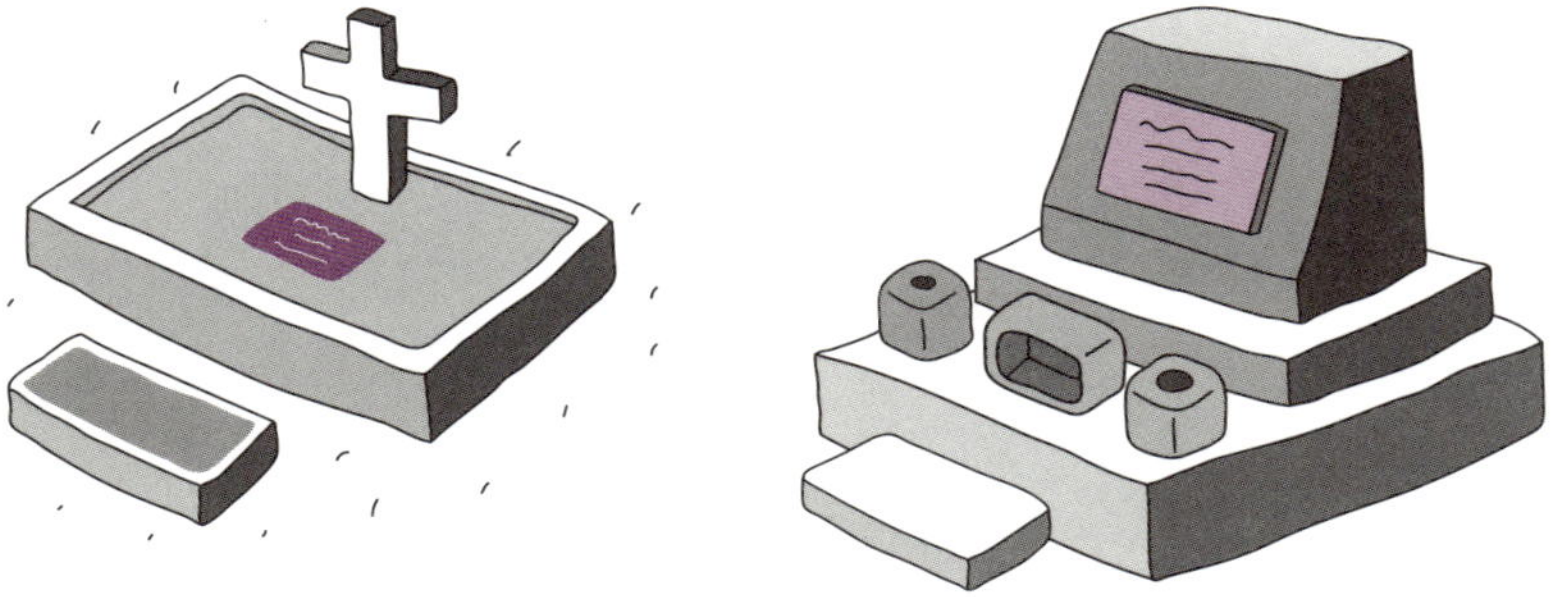

ではなく、「個人型」になります。

個人型の墓石は、故人の好きだった趣味や関わった仕事に絡めて、ゴルフのクラブやト音記号、楽器、絵筆、ピッケル、ヨットの帆、ペンなどをデザインしたもの、あるいは俳句・和歌・短歌などを刻んだ墓石もあります。

また、キリスト教の場合には、彫るなり書くなりして、十字架がどこかに入ることが一般的です。

墓石の価格

墓石は材質・産地・等級などがあって、墓石の大きさや形状により、価格もさまざまです。

およその価格としては、最低10万円、最高30万円という例もありますが、最も平均的な大きさと形状を前

■墓石の価格

外柵	40〜45万円（1平方メートル当たり） 1坪130万円程度	
墓石（8寸角）	白御影石の場合	最低50万円〜最高400万円
	黒御影石の場合	最低100万円〜最高300万円

出典：東京都生活文化局　平成14年調べ

提として、一般的には100万円から200万円前後でしょうか。

これはあくまで一つの目安ですから、詳しくは専門の墓石店でご相談ください。

等級としては普通・中級・上級・特上級など、四～五段階あります。

よい墓石・悪い墓石

墓石のよい悪いは一概にはいえないところがありますが、一般に、
○硬度が高い
○水分の吸収が少ない
○キズがなくきめ細かいもの
がよいとされています。

特に水分の吸収が大きいと、長い間に劣化して崩れてしまったり、文字が見えにくくなったりします。

墓相的な観点からは、
○黒い墓石はよくない
○赤い墓石はよくない
……などいろいろな考え方もあるようですから、気になるときはよく調べてみましょう。

「墓相」については171頁に紹介しましたから参照してください。

寺院墓地であれば僧侶、霊園であれば墓石店に相談されるのも参考になります。場合によっては、経験者から話を聞いて参考にするのも有益です。

いずれにせよ墓石の購入・墓地の建設は、一生に一回ですから、くれぐれも慎重に進めましょう。

また、基本的には、
○耐久性
○石の希少価値
○石の流通量
○国内産／外国産
などが価格の基準となり、国内産は全体の20％以下といいますから比較的高価です。

なお、墓石それ自体の価格以外にも、
○加工料
○付属品料
○据付料
などが当然ながら必要です。事前に業者から見積書を入手しておきましょう。

■満年齢早見表（平成22年・2010年）

生年	西暦	十二支	年齢	生年	西暦	十二支	年齢	生年	西暦	十二支	年齢
明治32	1899	亥	111	**昭和11**	1936	子	74	**昭和50**	1975	卯	35
33	1900	子	110	12	1937	丑	73	51	1976	辰	34
34	1901	丑	109	13	1938	寅	72	52	1977	巳	33
35	1902	寅	108	14	1939	卯	71	53	1978	午	32
36	1903	卯	107	15	1940	辰	70	54	1979	未	31
37	1904	辰	106	16	1941	巳	69	55	1980	申	30
38	1905	巳	105	17	1942	午	68	56	1981	酉	29
39	1906	午	104	18	1943	未	67	57	1982	戌	28
40	1907	未	103	19	1944	申	66	58	1983	亥	27
41	1908	申	102	20	1945	酉	65	59	1984	子	26
42	1909	酉	101	21	1946	戌	64	60	1985	丑	25
43	1910	戌	100	22	1947	亥	63	61	1986	寅	24
44	1911	亥	99	23	1948	子	62	62	1987	卯	23
明治45	1912	子	98	24	1949	丑	61	63	1988	辰	22
大正 元	1912	子	98	25	1950	寅	60	**昭和64**	1989	巳	21
2	1913	丑	97	26	1951	卯	59	**平成 元**	1989	巳	21
3	1914	寅	96	27	1952	辰	58	2	1990	午	20
4	1915	卯	95	28	1953	巳	57	3	1991	未	19
5	1916	辰	94	29	1954	午	56	4	1992	申	18
6	1917	巳	93	30	1955	未	55	5	1993	酉	17
7	1918	午	92	31	1956	申	54	6	1994	戌	16
8	1919	未	91	32	1957	酉	53	7	1995	亥	15
9	1920	申	90	33	1958	戌	52	8	1996	子	14
10	1921	酉	89	34	1959	亥	51	9	1997	丑	13
11	1922	戌	88	35	1960	子	50	10	1998	寅	12
12	1923	亥	87	36	1961	丑	49	11	1999	卯	11
13	1924	子	86	37	1962	寅	48	12	2000	辰	10
14	1925	丑	85	38	1963	卯	47	13	2001	巳	9
大正15	1926	寅	84	39	1964	辰	46	14	2002	午	8
昭和 元	1926	寅	84	40	1965	巳	45	15	2003	未	7
2	1927	卯	83	41	1966	午	44	16	2004	申	6
3	1928	辰	82	42	1967	未	43	17	2005	酉	5
4	1929	巳	81	43	1968	申	42	18	2006	戌	4
5	1930	午	80	44	1969	酉	41	19	2007	亥	3
6	1931	未	79	45	1970	戌	40	20	2008	子	2
7	1932	申	78	46	1971	亥	39	21	2009	丑	1
8	1933	酉	77	47	1972	子	38	22	2010	寅	0
9	1934	戌	76	48	1973	丑	37				
10	1935	亥	75	49	1974	寅	36				

※年齢は誕生日以後の満年齢。誕生日までの年齢は、上記の満年齢より１を引いた年齢。

■満年齢早見表（平成23年・2011年）

生年	西暦	十二支	年齢	生年	西暦	十二支	年齢	生年	西暦	十二支	年齢
明治33	1900	子	111	**昭和12**	1937	丑	74	**昭和51**	1976	辰	35
34	1901	丑	110	13	1938	寅	73	52	1977	巳	34
35	1902	寅	109	14	1939	卯	72	53	1978	午	33
36	1903	卯	108	15	1940	辰	71	54	1979	未	32
37	1904	辰	107	16	1941	巳	70	55	1980	申	31
38	1905	巳	106	17	1942	午	69	56	1981	酉	30
39	1906	午	105	18	1943	未	68	57	1982	戌	29
40	1907	未	104	19	1944	申	67	58	1983	亥	28
41	1908	申	103	20	1945	酉	66	59	1984	子	27
42	1909	酉	102	21	1946	戌	65	60	1985	丑	26
43	1910	戌	101	22	1947	亥	64	61	1986	寅	25
44	1911	亥	100	23	1948	子	63	62	1987	卯	24
明治45	1912	子	99	24	1949	丑	62	63	1988	辰	23
大正 元	1912	子	99	25	1950	寅	61	**昭和64**	1989	巳	22
2	1913	丑	98	26	1951	卯	60	**平成 元**	1989	巳	22
3	1914	寅	97	27	1952	辰	59	2	1990	午	21
4	1915	卯	96	28	1953	巳	58	3	1991	未	20
5	1916	辰	95	29	1954	午	57	4	1992	申	19
6	1917	巳	94	30	1955	未	56	5	1993	酉	18
7	1918	午	93	31	1956	申	55	6	1994	戌	17
8	1919	未	92	32	1957	酉	54	7	1995	亥	16
9	1920	申	91	33	1958	戌	53	8	1996	子	15
10	1921	酉	90	34	1959	亥	52	9	1997	丑	14
11	1922	戌	89	35	1960	子	51	10	1998	寅	13
12	1923	亥	88	36	1961	丑	50	11	1999	卯	12
13	1924	子	87	37	1962	寅	49	12	2000	辰	11
14	1925	丑	86	38	1963	卯	48	13	2001	巳	10
大正15	1926	寅	85	39	1964	辰	47	14	2002	午	9
昭和 元	1926	寅	85	40	1965	巳	46	15	2003	未	8
2	1927	卯	84	41	1966	午	45	16	2004	申	7
3	1928	辰	83	42	1967	未	44	17	2005	酉	6
4	1929	巳	82	43	1968	申	43	18	2006	戌	5
5	1930	午	81	44	1969	酉	42	19	2007	亥	4
6	1931	未	80	45	1970	戌	41	20	2008	子	3
7	1932	申	79	46	1971	亥	40	21	2009	丑	2
8	1933	酉	78	47	1972	子	39	22	2010	寅	1
9	1934	戌	77	48	1973	丑	38	23	2011	卯	0
10	1935	亥	76	49	1974	寅	37				
11	1936	子	75	50	1975	卯	36				

※年齢は誕生日以後の満年齢。誕生日までの年齢は、上記の満年齢より１を引いた年齢。

土屋書店のホームページ
http://www.tuchiyago.co.jp

＜執筆者紹介＞
監　　修　高齢者健康福祉研究会
代表執筆　神谷洋平　横河商事株式会社取締役管理本部長
　　　　　木山広実　株式会社メディット編集室

資料協力／株式会社公益社

葬儀・法要・相続・供養の最新ガイド

葬儀・法要どうしたら？事典

著者――高齢者健康福祉研究会
発行者――土屋 豪造
発行所――株式会社　土屋書店
〒一五〇－〇〇〇一
東京都渋谷区神宮前三－四二－一一
ローザビアンカビル一〇五
TEL　〇三（五七七五）四四七一（代）
FAX　〇三（三四七九）二七三七
企画――株式会社フジックス
編集制作――株式会社メディット
印刷・製本――株式会社暁印刷
© Koreisha Kenko fukushi Kenkyukai 2008,Printed in Japan